“十二五”职业教育国家规划教材

★ 中等职业学校物业管理专业教材 ★

物业 公共秩序管理

主编 李卫卫

北京出版社
山东科学技术出版社

图书在版编目（CIP）数据

物业公共秩序管理 / 李卫卫主编. -- 济南：山东科学技术出版社，2016.6（2024.1 重印）
ISBN 978-7-5331-8208-3

Ⅰ. ①物… Ⅱ. ①李… Ⅲ. ①物业管理—中等专业学校—教材 Ⅳ. ① F293.33

中国版本图书馆 CIP 数据核字 (2016) 第 091944 号

物业公共秩序管理
WUYE GONGGONG ZHIXU GUANLI

责任编辑：赵 旭 梁天宏
装帧设计：李玉颖

主管单位：山东出版传媒股份有限公司
出 版 者：山东科学技术出版社
地址：济南市市中区舜耕路 517 号
邮编：250003 电话：（0531）82098088
网址：www.lkj.com.cn
电子邮件：sdkj@sdcbcm.com
发 行 者：山东科学技术出版社
地址：济南市市中区舜耕路 517 号
邮编：250003 电话：（0531）82098067
印 刷 者：山东新华印务有限公司
地址：济南市高新区世纪大道 2366 号
邮编：250104 电话：（0538）6119360

规格： 16 开（184 mm × 260 mm）
印张： 11.25
版次： 2016 年 6 月第 1 版 **印次：** 2024 年 1 月第 2 次印刷
定价： 25.80 元

编写说明

加强职业教育教材建设是提高人才培养质量的关键环节，是推进教育教学改革，提高教育教学质量，促进中职教育发展的基础性工程。如何培养满足企业需求的人才，是职业教育面临的一个突出而又紧迫的问题。目前，中职教材普遍存在理论偏重、偏难、操作与实际脱节等弊端，突出的是以“知识为本位”而不是以“能力为本位”的理念，与就业市场对中职毕业生的要求相左。

为进一步贯彻落实全国教育工作会议精神、《国务院关于加快发展现代职业教育的决定》（国发〔2014〕19号）、《现代职业教育体系建设规划（2014—2020年）》（教发〔2014〕6号），北京出版社联合山东科学技术出版社结合物业管理专业各中职学校发展现状及企业对人才的需求，在市场调研和专家论证的基础上，打造了反映产业和科技发展水平、符合职业教育规律和技能人才培养的专业教材。

本套专业教材以教育部最新公布的《中等职业学校物业管理专业教学标准（试行）》为指导思想，以中职学生实际情况为根据，以中职学校办学特色为导向，与具体的专业紧密结合，按照“基于工作流程构建课程体系”的建设思路（单元任务教学）编写，根据物业管理行业的总体发展趋势和企业对高素质技能型人才的要求，构建了与物业管理专业相配套的内容体系，涵盖了专业核心课和部分专业（技能）方向课程。

本套教材在编写过程中着力体现了模块教学理念和特色，即以素质为核心、以能力为本位，重在知识和技能的实际灵活应用；彻底改变传统教材以知识为中心、重在传授知识的教育观念。为了完成这一宏伟而又艰巨的任务，我们成立了教材编审委员会，委员会的成员由具有多年职业教育理论研究和实践经验的高校教师、中职教师和行业企业一线专业人士担任。从选题到选材，从内容到体例，都从职业化人才培养目标出发，制定了统一的规范和要求，为本套教材的编写奠定了坚实的基础。

本套教材的特点具体如下：

一、教学目标

在教材编写过程中明确提出以“工学结合，理实一体”为编写宗旨，以培养知识与技能为目标，避免就理论谈理论、就技能教技能，做到有的放矢。打破传统的知识体系，将理论知识和实际操作合二为一，理论与实践一体化，体现“学中做”和“做中学”。让学生在做中学习，在做中发现规律，获取知识。

二、教学内容

一方面，采用最新颁布的规范、标准，合理选取内容；另一方面，结合新知识、新工艺、新材料、新设备的现实发展要求增删、更新教学内容，重视基础内容与专业知识的衔接。

通过学习，学生能更有效地构建自己的知识体系，更有利于知识的正迁移。让学生知道“做什么”“怎么做”“为什么”，使学生明白教学的目的，并为之而努力，切实提高学生的思维能力、学习能力和创造能力。

三、教学方法

教材教法是一个整体，在教材中设计以“单元—任务”的方式，通过案例载体来展开，以任务的形式进行项目落实等教学内容，每个任务以“完整”的形式体现，即完成一个任务后，学生可以完全掌握相关技能，以提升学生的成就感和兴趣。体现以学生为主体的教学方法，做到形式新颖。通过“教、学、做”一体化，按教学模块的教学过程，由简单到复杂开展教学，实现课程的教学创新。

四、编排形式

教材配图详细、图解丰富、图文并茂，引入的实际案例和设计的教学活动具有代表性，既便于老师教学，又便于学生学习；同时，教材配套有相关案例、素材、配套练习答案光盘以及先进的多媒体课件，强化感性认识，强调直观教学，做到生动活泼。

五、编写体例

每个单元都是以任务驱动、项目引领的模块为基本结构。教材栏目包括任务概述、任务目标、学习内容、案例描述、案例分析、拓展提高、思考练习、单元要点归纳等。其中，学习内容是教材中每一个单元教学任务的主体，充分体现“做中学”的重要性，以具有代表性、普适性的案例为载体进行展开，紧密结合岗位实际，突出了对学生职业素质和能力的培养。

六、专家引领，双师型作者队伍

本系列教材由北京出版社和山东科学技术出版社共同组织具有教学经验及教材编写经验的“双师型”教师编写，参加编写的学校有山东城市建设职业学院、潍坊工商职业学院、济南物业管理职业中等专业学校、青岛城市管理职业学校、仙桃市理工中等专业学校、中山火炬开发区理工学校、江西省电子信息工程学校，并聘请山东省教育科学研究院邹本杰担任教材主审，感谢上海绿地服务有限公司、山东鲁班物业管理有限公司给予技术上的大力支持。

本系列教材，各书既可独立成册，又相互关联，具有很强的专业性。它既是物业管理专业组织教学的强有力工具，也是引导物业管理专业的学习者走向成功的良师益友。

前言

随着我国经济的发展和社会的进步，居民小区已经成为城市建设中的一道靓丽的风景线，而在这道风景线的背后就是现代房地产业不可或缺的物业服务与管理。物业服务与管理是经济和社会发展的“稳定器”，而物业服务与管理中的公共秩序管理已然成为“稳定器”的核心。只有做好物业公共秩序管理，才能使城市更美丽，居住更舒适，生活更方便。

物业服务与管理在我国经过20多年的探索，无论是在理论方面还是在实践经验方面，都有了长足发展，逐渐形成了一套完善且行之有效的物业管理办法。但是，系统的中职物业管理专业的教材还尚未达成共识，社会对具有基础操作技能的高素质物业管理人才的需求尚未得到满足。本书着眼于物业公共秩序管理，从物业公共秩序管理的基本内容出发，关注物业公共秩序管理与服务的日常要求与实际操作。

对于《物业公共秩序管理》一书的编写，编委会秉承“以服务学生为宗旨，以培养能力为本位”的职业教育理念，“单元任务”模块化理论知识，“特别提示”重点难点，“案例分析”贴近岗位实际，“拓展提高”开拓学生视野，让学生学有所得，学有所用。

本书共4个单元，主要介绍了物业公共秩序管理的基本概念、公共安全防范管理、消防管理和车辆管理。本书具有以下特点：

1. 贴近中职实际，培养职业能力。结合国家“十二五”规划要求，贯彻“以能力为本位，以就业为导向”的教学指导思想，根据最新的物业管理专业教学大纲和从业人员资格考试大纲的要求，有针对性地确立学生的学习目标和职业目标。

2. 合理设置内容，语言通俗易懂。本书为了便于学生学习，注重教学内容的难易设计，尽量做到深入浅出、易学易懂。系统的知识体系，生动的案例分析，既强调对学生岗位技能的培养，也渗透了对物业从业人员德育目标的培养。

本书由淄博建筑工程学校李卫卫主编，王秀玥、张小妮、成光担任副主编。全书由李卫卫审稿，王秀玥、张小妮、成光负责统稿。

此外，本书在编写过程中参考了国内外专家、网站的一些最新书刊和资料，汲取了很多鲜活丰富的内容，在此一并表示感谢。

由于编者水平所限，书中难免存在不足之处，恳请使用本书的各界专家、读者不吝指正。

编　者

目 录
CONTENTS

第一单元　物业公共秩序管理概述

单元概述

本单元内容包括公共秩序管理的相关概念界定、公共秩序管理的目标和意义；一般物业公共秩序管理的基本内容、常规工作及考核标准；物业公共秩序管理的制度与规定及相关法律依据。物业公共秩序管理服务的实施，既要明确工作的目标和意义，又要掌握秩序管理的基本内容，依据相关法律规定，制定合理的制度规范，才能使公共秩序管理服务得以有序开展。

单元目标

- 能区分物业公共秩序管理的相关概念、管理目标及意义
- 能掌握物业公共秩序管理的内容及考核标准
- 能掌握物业公共秩序管理制度与规定

学习任务1 认识物业公共秩序管理

任务概述

本任务内容是认识物业公共秩序管理，包括从物业、公共秩序和物业公共秩序管理三方面来界定的物业公共秩序管理的含义；物业公共秩序管理的意义；物业公共秩序管理目标设定的基准、注意问题及具体目标等内容。明确公共秩序管理的含义和意义，设定合理的公共秩序管理目标，理清物业服务企业在公共秩序管理中承担的角色，以减少管理服务纠纷，规避企业风险。

任务目标

- 理解物业公共秩序管理的含义
- 理解物业公共秩序管理的意义
- 会设定物业公共秩序管理的目标

学习内容

一、物业公共秩序管理的含义

1. 物业

所谓物业，是指已建成并具有使用功能和经济效用的各类居住和非居住的房屋，以及与之相配套的设备，市政、公用设施、房屋所在的土地、附属的场地和庭院等。其中房屋是指地上的建筑物及构筑物，既包括住宅房屋，如居民楼、公寓、别墅等，供人们遮风避雨、居住、工作娱乐、储藏物品、纪念和进行其他活动的空间场所，也包括非住宅房屋，如工业厂房、仓库、商店、饭店、宾馆、教学楼、医院、体育馆、办公楼等。各类房屋可以是一个建筑群，如住宅小区、工业区等；也可以是单位建筑，如一幢高层或者多层住宅楼、停车场等。从物业的内涵来看，其一般由四部分组成：

(1)供居住或非居住的建筑物本体即房屋，包括建筑物自用部位和共用部位。

(2)配套附属设备，同样包括自用设备和共用设备。自用设备指由建筑物内部业主、非业主使用人自用的门窗、卫生洁具以及通向总管道的供水管道、排水管道、燃气管道、电线等设备。共用设备指建筑物内部全体业主和非业主使用人共同使用的供水管道、排水管道、落水管道、照明灯具、垃圾通道、电视天线、水箱、水泵、电梯、邮政信箱、避雷装置、消防器具等设备。

(3)配套公共设施,指物业区域内业主、非业主使用人共有共用的设施,如道路、绿地、停车场(库)、照明管线、排水管道等设施。

(4)相关场地,指物业所占用的场地。

2. 公共秩序

公共秩序也称"社会秩序",是维护社会公共生活所必需的秩序,由法律、行政法规、国家机关、企业事业单位和社会团体的规章制度等所确定,主要包括社会管理秩序、生产秩序、工作秩序、交通秩序和公共场所秩序等。遵守公共秩序是中国公民的基本义务之一。公共秩序关系到人们的生活质量,也关系到社会的文明程度。我国依法处罚扰乱公共秩序的行为,并根据情节轻重和认错态度的好坏,分别给予一定处罚。公共管理处罚的种类分为:警告、罚款、行政拘留、吊销公安机关发放的许可证共4种。维护公共秩序,既要依靠道德规范,也需要法律规范的制约,然而最重要的仍是社会的管理。管理是普遍、普通的社会现象之一,也是最重要的社会活动,是活力与创造性兼备的行为。只有合适的管理,才能使维护社会秩序行之有效。

3. 物业公共秩序管理

物业公共秩序管理是指物业服务企业在物业管理区域内协助政府有关部门所进行的公共安全防范管理、车辆道路管理、消防安全管理和突发事件处置等管理服务活动。公共秩序管理是物业管理条例赋予物业服务企业的职责与义务,物业管理条例将其定义为"维护相关区域内秩序的活动和协助做好物业管理区域的安全防范工作"。因而,在公共秩序管理活动中,物业服务企业承担的角色是在物业管理区域内协助公安、消防、行政、执法等有关部门进行的管理服务活动,这与配有防卫器械和枪支从事武装守护、保安服务等有着本质区别。

物业服务企业对物业管理区域的公共秩序管理,既可以自行组织专门的公共秩序维护队伍,也可以委托专业的保安公司来实施完成。但不论由谁来完成,物业服务企业都应在物业项目管理处设置专门的机构,制定全面、详尽的管理制度和作业程序,使该项业务力求做到有章可循、有章必循、执章必严、违章必究。

物业服务企业通常是在物业项目管理处内部设置公共秩序维护部来负责公共秩序维护管理。公共秩序维护部由经理、班长、秩序维护员等人员组成,一般下设门卫值守班、巡逻预防班、中心监控室、车辆管理班等,设有门卫、守护秩序维护员、巡逻秩序维护员、车辆管理员、监控员、防火安全员等岗位。

公共秩序维护管理按照"谁主管,谁负责"和"群防群治"的原则,为物业管理区域创造良好的安全环境。公共秩序维护部及其员工对违法违规人员,有权劝阻、制止和批评教育,但无处罚的权力,对可疑人员可以进行监视、检举、报告,但无权侦察、扣押、搜查。

案例分析

××物业开展技能比武活动

2014 年 8 月 28 日上午九点三十分，×××小区一列列整齐的队伍，响彻云霄的口号，振奋人心，这是××房地产物业管理有限公司在举办“公共秩序维护部第七届岗位技能大比武”活动。公共秩序维护部技能大比武活动是物业公司每年一次的大型活动，是向全体业主展现公共秩序维护部日常岗位服务行为的汇报表演。从 2007 年到 2014 年 7 年间，××房地产物业管理有限公司公共秩序维护部始终以整齐划一的队伍、过硬的基本功，将自己最真实的一面向业主汇报展示。本次大比武活动的特色在于，针对各地火灾及园区盗窃事件时有发生等问题，情景模拟火灾、盗窃事件的真实场景，结合物业管理日常服务规范，向业主集中展示处理此类突发事件的过程，给业主带去不一样的服务体验。

整齐有序的队列表演，威武有力的擒敌拳展示，礼貌为先、服务周到的大堂管家日常岗位服务技能展示，反应迅速、抓捕有效的防暴预案展示，专业、严整的盾牌术表演，无不体现出新世界公共秩序维护工作的专业与到位。更值得称道的是最后的消防展示，现场燃起了熊熊大火，领导指挥有序，现场各个组配合默契，及时进行救火，人员疏散井然有序，受伤人员抢救有条不紊，场景虽为模拟，但真实生动地展示了消防预案流程。形象的展示，贴近生活化的演绎，让大家耳目一新，精彩的汇报表演，充分展示了物业公司公共秩序维护工作者的专业素养及企业的品牌风采。

思考：结合案例，分析以上属于物业管理的哪一部分内容？为什么？

二、物业公共秩序管理的目标

物业公共秩序管理的目的是要保证和维持业主和使用者有一个安全舒适的工作和生活环境，以提高生活质量和工作效率，为了实现这一服务目的，物业管理企业应根据物业公共秩序管理实际需求来制定物业公共秩序管理部门的管理目标。

特别提示

世界上的一切都必须按照一定的规矩秩序各就各位。

——莱蒙特

1. 公共秩序管理目标设定的基准

（1）应达到国家和地方相关法规对物业公共秩序维护与防范的基本要求；

（2）应满足业主或使用人对物业公共秩序维护与防范的委托要求，即物业服务合同所载明的要求；

（3）应以物业管理行业公共秩序管理优秀标准为目标。

2. 在实际工作中制定具体项目的物业安全管理目标时的注意事项

(1)公共秩序管理目标应与项目物业管理总体目标相适应;

(2)目标应具体,方便考核、检验,并方便制订相应的管理措施,如对治安管理和消防管理,要以治安案件发生率和火灾事故发生率为表述;

(3)目标应切合实际,并以现有的条件通过努力能够实现;

(4)在制定目标时应考虑成本因素。

3. 公共秩序管理目标

在总体目标的基础上,应细化为可实施的、可检验的具体目标(表 1-1)。

表 1-1 公共秩序管理具体目标

总体目标	目标细化
治安防范管理目标	1. 编制安全防范管理相关制度,并保证其得到有效执行 2. 负责辖区日常治安管理,保证业主生命财产安全,保证辖区内恶性治安事件发生次数为零 3. 负责辖区内突发事件的处理,保证业主对处理结果满意度评价
设备设施安全管理目标	1. 负责安全设施、设备的日常管理工作,保证设施、设备完好率达到规定要求 2. 无设施故障造成的伤人或财产损失事故 3. 有自然灾害应急制度,能采取有效应对措施并减少损失
消防管理目标	1. 编制消防管理相关制度,并保证其得到有效执行 2. 负责日常消防隐患的排查工作,保证辖区消防事故发生次数为零 3. 负责消防设施、设备的日常管理工作,保证设施,设备完好率达到规定要求
车辆管理目标	1. 编制车辆管理相关制度,并保证其得到有效执行 2. 负责停车场日常管理工作,保证机动车辆丢失次数为零 3. 负责日常车辆费用收缴管理工作,确保费用收缴工作按时完成

三、物业公共秩序管理的要求

1. 安全

安全是物业管理服务的第一需求,也是公共秩序管理的重点。物业服务公司应该树立积极防范的安全态度,不断提高自身安全防范的能力,配合公安部门和当地政府做好安全防范、消防工作,努力为业主营造一个稳定舒适的工作与生活环境。

2. 有序

在物业管理区域里,业主不仅需要物业的设备设施运行有序,也需要往来的人流、车流有序。一旦发生突发事件,更需要安防人员保持冷静镇定,积极应对,及时妥善地处理。这种安全有序的工作与生活环境为业主提供安全舒心的感觉。

3. 亲情

物业公共秩序管理对偷盗与破坏者实行严厉的打击和震慑,但对业主及社会公众应充满亲情。物业服务公司的安全防范人员应像管家一样爱护业主与他们的财产,为业主提供良好优质的服务，给他们一种“远亲不如近邻”的感觉。

4. 形象

物业公共秩序管理是物业管理的第一印象。好的物业公共秩序、舒适安全的小区环境、有序的车辆道路能提高物业管理的档次，使业主有良好的安全感和归属感。不仅如此，良好的安防服务还能增加物业在社会公众中的影响，使物业保值、增值，为物业服务公司建立良好的口碑。

四、物业公共秩序管理的意义

物业公共秩序管理是保证国家和城市社会稳定、维护社会安定团结、保障人民安居乐业的前提条件之一。整个国家和城市是由千千万万个社区所组成的，只有做好各个社区的公共秩序管理，才能实现社会稳定、人民安居乐业的目标。

物业公共秩序管理能为业主和使用人的人身、财产提供安全维护与防范。

物业公共秩序管理是物业管理公司提高信誉、增强市场竞争力的一种重要途径。

物业公共秩序管理做好了，物业才能少受或不受损失和侵害，其价值才能得到保持。另外，人们也才会更乐意购买该物业，物业才会增值。

物业公共秩序管理由于强调以物业风险责任为主体的安全防范与服务，突出对业主心理安全需求的认知和理解，使居住安全服务观念与以人为本、构建和谐社会的时代要求达成了有机而紧密的联系。

拓展提高

公共秩序的起源

公共秩序的概念早在13、14世纪的意大利“法则区别说”中已有萌芽。巴托鲁斯提出“法则区别说”，针对意大利各城市不同的冲突主张：一个城市在适用另一个城市的法则时，前者对后者的“令人厌恶的法则”，如那些不利于当事人的禁止性法规，应不予适用。到17世纪，荷兰的法学家胡伯提出了“国际礼让说”，他主张，一个国家出于礼让可以承认外国法的域外效力，但以该外国法不损害自己国家及人民的权力或权利为限。这两个学说都包含公共秩序保留的思想，1804年《法国民法典》首先以法律形式将公共秩序保留制度确定下来。该法典第六条[2]规定：“个人不得以特别的约定违反有关公共秩序和善良风俗的法律。”后来在法国的审判实践中，公共秩序也被用于涉外案件，如果当事人约定援引的外国法与法国公共秩序相抵触，则不予适用。1856年《意大利民法典》明确确定了对外国法律援用公共秩序而排除其适用。该法典规定，不论前两条文如何规定，凡外国法律、行为或判决，以及个人的处分与契约，在任何情况下，均不得与王国关于私人所有权或行为的法律相背离，均不得与任何被认为是公共秩序或良好道德的法律相背离。1896年的《德国民法实行法》是世界上第一个单行国际私法，其第三十条明文规定：“外国法之适用，如违背善良风俗或德国法之目的时，则不予适用。”此后，公共秩序保留制度被世界许多国家广泛承认或接受。

思考练习

一、填空题

1. 从物业的内涵来看，其一般由________、________、________、________四部分组成。
2. 公共管理处罚的种类分为：________、________、________、________共四种。
3. ________是指物业服务企业在物业管理区域内协助政府有关部门所进行的公共安全防范、车辆道路管理、消防安全管理和突发事件处置等管理服务活动。
4. 公共秩序维护管理按照________和________的原则，为物业管理区域创造良好的安全环境。
5. 物业公共秩序管理目标可具体细化为________、________、________、________。

二、选择题

1. 下列关于物业中房屋的表述错误的是(　　)。
   A. 包括住宅和非住宅　　B. 不能是建筑群
   C. 可以是单位建筑　　D. 工厂、医院都属于房屋
2. 关于物业公共秩序管理表述正确的是(　　)。
   A. 维护相关区域内秩序的活动和协助做好物业管理区域的安全防范工作
   B. 与配有防卫器械和枪支从事武装守护、保安服务等没有本质区别
   C. 等同于保安服务
   D. 公共秩序管理只能委托保安公司来完成
3. 下列不是公共秩序管理目标设定的基准的是(　　)。
   A. 应达到国家和地方相关法规对物业公共秩序管理的基本要求
   B. 应满足业主或使用人对秩序管理的委托要求，即物业服务合同所载明的要求
   C. 应以物业管理行业公共秩序管理优秀标准为目标
   D. 应以最低成本为首要目标
4. 在实际工作中制订具体项目的物业公共秩序管理目标时，不应注意(　　)。
   A. 公共秩序管理目标应与项目物业管理总体目标相适应
   B. 目标应具体，方便考核、检验，并方便制订相应的管理措施
   C. 目标应切合实际，并以现有的条件通过努力能够实现
   D. 在制定目标时无须考虑成本因素
5. 下列不属于治安防范管理目标的是(　　)。
   A. 编制公共安全维护与防范管理相关制度，并保证其得到有效执行
   B. 负责辖区日常治安管理，保证业主生命财产安全，保证辖区内恶性治安事件发生次数为零
   C. 负责辖区内突发事件的处理，保证业主对处理结果满意度评价
   D. 无设施故障造成的伤人或财产损失事故

三、简答题

简述物业公共秩序管理的意义。

学习任务2 物业公共秩序管理的内容

任务概述

本任务内容是物业公共秩序管理的内容，包括物业公共秩序管理的基本内容、常规工作及考核标准。物业公共秩序管理的基本内容涵盖制度建设、计划制定、人员选聘、日常管理、工作检查、设备管理、应急管理等9个方面；公共秩序的常规工作主要涉及秩序维护管理、安全防范管理、消防管理、车辆管理等；同时，为了规范物业公共秩序管理行为，还需要对以上管理内容从管理方式、队伍、制度、安防设备、服务效果与行为等方面综合考量。

任务目标

- 理解物业公共秩序管理的基本内容
- 掌握物业公共秩序的常规管理工作
- 会制定物业公共秩序管理的考核标准

学习内容

一、物业公共秩序管理的基本内容

1. 管理制度建设

物业服务企业应以国家和地方有关法律法规为依据，制定公共秩序维护管理工作的规章制度，包括编制并及时调整物业项目公共秩序维护方案，制定各岗位的作业程序，制定突发事件应急处理预案并组织演练及奖惩规定等，对公共秩序实行标准化管理。

2. 制定工作计划

制定并实施公共安全防范、车辆道路管理、消防安全管理等工作计划与方案，根据实施中所发现的问题或各种变化的因素，进行修改或完善。包括组织周例会，落实周工作计划与检查要点，根据季节安排消防安全的重点工作，编制并执行安全设备及器具的采购计划等。与所在地的公安、消防部门及其他执法机关保持良好有效的工作关系，以取得他们对公共秩序管理工作的支持。

3. 人员选聘培训

由于公共秩序维护工作的特殊性，秩序维护员的选聘是一项非常重要的工作。思想品德好，无犯罪前科是非常重要的选聘条件，否则容易导致内部管理出现严重漏洞，如内盗等，给企业带来不利影响。选聘公共秩序维护部主管及班长时，还要考虑其是否业务素质过硬，具有较强的组织管理能力。对新录用的秩序维护员在上岗前必须进行岗前培训，经考核合格后方能上岗。对在岗人员，根据每年制定的内部培训计划，拟订培训方案，通过授课与实际操作相结合的方式，分月、季定期进行培训，强化秩序维护员的防火、防盗、防破坏、防自然灾害的“四防”意识，提高应变能力和身体素质，使其掌握本职技能。秩序维护员日常管理实行准军事化管理，统一安排作息时间，一般采用倒班制。秩序维护员的用品发放，由公共秩序维护部主管报物业项目管理处经理统一购置，统一发放。

4. 日常管理

根据公共安全防范、车辆道路管理、消防安全管理等具体内容，有序有效地开展工作。对物业管理区域及周围地区进行巡逻及保持监视，发现安全隐患，按突发事件应急预案妥善处理，及时向有关部门通报联系，以求解决。负责调查和处理业主和使用人及员工报告的各种安全隐患。

5. 工作检查

检查内容包括仪容仪表、岗位标准、装备配备与使用等。一般要求按规定着装，佩戴工作卡，保安器械按统一要求佩戴。精神饱满，站姿正确（跨立式），坐姿端正，举止文明大方，业务处理熟练。公共秩序维护管理工作的检查分为班检、日检、巡视检查、周检、月检等形式。班检，由班长依据公共秩序维护管理工作检验标准对本班工作进行检查，填写公共秩序维护管理班检表；日检，由部门主管根据班长填写的班检表情况对队员进行检查，填写秩序维护员考核表；巡视检查（包括夜间查岗），由物业项目管理处经理或房屋管理员对各公共秩序维护管理工作进行检查（每周不少于两次夜间查岗）；周检、月检，由物业项目管理处经理、公司主管部门经理分别对物业项目管理处公共秩序维护管理工作进行例行周检、月检，并分别填写周检表、月检表。在检查中发现潜在不合格原因，要逐级汇报，调查分析隐患原因，由公共秩序维护部组织制定预防措施。工作检查时，还要指导并协助物业项目管理处各部门的安全防范工作，使安全防范工作与各工作部门及各工作岗位的职责有机结合，在整体上保证安全防范管理的实施。

6. 设备装备管理

按国家规定和物业项目规划设计，公共秩序维护管理所需各类设备，如电子监控系统、消防报警系统、道闸等配置齐全到位，并保证其始终处于良好的使用状态。通过定期或经常的检查，及时提出修理、更换或添置的要求。装备是秩序维护员完成工作所必需的工具，在岗位设置时务必配备到位。在使用中应建立装备管理制度，明确保管责任、使用方法及注意事项。

7. 突发事件应急预案

突发事件应急预案是指在意外事故或突发事件发生时，为维护业主和使用人的利益，物业公共秩序管理员以专业知识技能和训练有素的快速处置能力尽快处理问题、采取应对措施，将损害和不良影响降低到最低限度的方案。从物业管理实践看，突发事件主要有煤气泄露、火警、漏水（水浸）、停电及电力故障、地震、电梯困人等，物业服务企业应针对其制定相应预案。突发事件应急预案的宗旨是保护生命第一，保护财产第二。突发事件处理预案要针对不同地域、不同类型、不同生命周期的物业制定相应的计划。如新建的大楼一般都安装了现代化的安保检测系统及楼宇管理操作系统，而老式楼宇的建筑结构是不适宜安装先进的现代化电子、机械设备的，这样老式楼宇的管理者就不能依赖现代化技术，而只有更多地依赖物业服务企业的管理了，如紧急计划的执行演练与不断完善。物业服务企业在接管物业项目时就应该制定突发事件应急预案，对可能发生的突发事件要有安全防范和紧急疏散的计划与措施。突发事件处理预案要细分到各部门及其各部门的员工。物业服务企业要制定相应的培训计划，对员工组织培训，让员工结合岗位要求，熟练掌握突发事件处理预案，并定期地进行有关演习，以提高突发事件发生时的应急处理能力。物业服务企业还应向业主和使用人提供突发事件处理预案手册，并有计划地进行培训，让业主和使用人了解各类突发事件处理预案，掌握基本自救、他救知识和方法，能够在突发事件发生时，配合专业救援人员开展自救，减少人员损伤。可能的情况下，也要组织业主和使用人定期进行预案演习。

8. 档案管理

保存有关公共秩序维护管理工作的完整记录和档案，包括日常的公共秩序维护工作记录，突发事件的调查处理报告，安全设备及设施的使用、维修及更换的记录，出租户统计登记台账，对物业项目管理处与各部门安全防范工作的定期分析报告等。

9. 宣传教育

公共秩序维护管理工作离不开业主和使用人的支持与配合，因此，密切联系群众，积极向业主进行安全防范和管理方面的宣传是行之有效的手段。做好业主和使用人安全和法制宣传教育工作，提高他们的安全意识和法制观念。向业主和使用人宣传防火、防盗等安全防范知识，协助业主和使用人落实各项安全防范措施，发现不安全因素及时与业主和使用人沟通，要求其配合整改，杜绝隐患。

二、物业公共秩序管理的常规工作

物业公共秩序的常规管理包括公共安全防范、车辆道路管理、消防安全管理和突发事件处置等。公共秩序管理是业主和物业使用人安居乐业的保证，是管理项目所在社区社会安定、和谐的基础，也是提高物业服务企业声誉、增强市场竞争力的有效途径。

1. 公共安全维护与防范管理

公共秩序维护与防范管理，是指物业服务企业（或由其委托的保安公司）通过严密的制度、措施，为保证工作和生活正常有序，给业主和使用人的人身和财产的安全创造良好环境，配合社区组织维护物业管理辖区公共秩序的管理活动。其主要内容包括：

（1）劝阻、制止扰乱公共秩序的行为。扰乱公共秩序的行为包括噪声扰民、宠物扰民、滋事斗殴、侵犯他人人身权利、侵犯个人及公共财产权利、违反辖区消防管理规定、违反辖区车辆与道路管理规定、违反辖区绿化管理规定等在公共场合影响、干扰他人正常生活、工作的行为。

（2）值守和巡逻服务。值守主要是指对物业管理辖区出入口的值班看守，对出入人员、车辆、物资进行严格的检查、验证和登记；巡逻主要是指在物业管理辖区内有计划地巡查警戒。物业服务企业也可接受业主和使用人特殊约定，对指定的人、财物、场所进行看护和守卫。

(3)电子监控。通过电子报警系统、火灾自动报警系统等电子设施设备,对物业管理辖区进行技术监控。

2. 消防安全管理

消防安全管理是指物业服务企业在物业管理辖区内通过严格的制度和有效的措施,维护消防设施设备,巡查火灾隐患,开展消防安全教育,制定并实施应急预案,控制火灾损失的管理活动。消防安全管理包括防火和灭火两个方面的内容,其主要内容包括:

(1)消防队伍的建立与培训。物业服务企业根据所管辖物业项目的类型、档次、数量,设立消防机构,组建相应的专职或兼职消防队伍,负责消防安全工作的管理、监督、检查和落实,进行消防值班、消防检查、消防培训、消防宣传、消防器材的管理与保养,协助公安消防队灭火等工作。

(2)消防安全教育宣传。通过消防安全宣传教育,普及防火知识、灭火知识、疏散逃生知识,增强业主或使用人预防、抗御火灾的意识与能力。

(3)消防设备设施和器材的配备与管理。物业服务企业根据国家和地方消防安全相关法律法规与技术标准,在物业管理辖区配备消防设备设施和器材,设置消防安全标志,建立消防设施设备档案,维护保养档案,维护保养消防设备设施和器材等。

3. 车辆道路管理

车辆道路管理是指物业服务企业通过严格的制度和有效的措施,对物业管理辖区内车辆、道路和交通秩序进行管理,以建立良好的交通秩序、车辆停放秩序,保证车辆和行人安全的管理活动。其主要内容有:

(1)道路交通管理。建立机动车通行证制度,禁止过境车辆通行;确定单行道、禁左道;限制车鸣笛,规范人员通行行为;规范道路两旁车辆停放等。

(2)车辆管理。停车区域划分车位;设置停车区域标志;规范车辆出入制度;控制车辆防损防盗。

4. 突发事件应急处理

突发事件应急处理是指物业服务企业通过突发事件应急预案的制定与演练,在物业管理辖区内发生突发事件时,能够以训练有素的快速处置能力,避免和减少业主和使用人的损失。其主要内容包括:

(1)突发事件处理预案的制定。物业服务企业在承接物业项目时,对可能发生的突发事件要制定安全防范和紧急应对的计划与措施。

(2)突发事件处理预案的演练。物业服务企业定期组织员工乃至业主和使用人,按照突发事件处理预案进行演练,提高突发事件应对能力。

案例分析

2009 年 7 月，江西省吉安市某小区，读小学二年级的学生扬扬放学回家，刚走进小区就被一条大狗咬伤脖子，鲜血直流。后来赶来的物业公司保安将狗打死。扬扬被送到医院，花去医疗费 1 021.19 元。扬扬家人认为，物业公司没有履行小区安全管理基本义务，一怒之下将物业公司告上法庭，要求对方赔偿医药费、误工费、护理费、交通费及精神损失费 12 121 元。物业公司称该狗系流浪狗，在不受控的情况下进入小区，事发后，物业公司已将狗处置，并及时通知了扬扬家长，安排人将扬扬送到医院治疗。此外，原告只交了 2005 年度的物管费，未完全履行缴费义务，故物业公司不承当相应的责任。

思考：结合案例分析，物业公司是否应承担相应责任？

特别提示

物业公司在管理时应预见狗患尤其是流浪狗对小区安全将产生不利影响，有义务采取措施防止流浪狗进入小区。

三、物业公共秩序管理的考核标准

为规范物业公共秩序管理行为，完善物业管理区域的安全维护与防范体系，确保落实物业安全管理责任和安全措施，减少物业区域伤亡事故发生，提高业主安全感，形成物业管理公司、业主密切配合的公共秩序维护与防范工作机制，物业管理公司应建立公共秩序管理考核标准。公共秩序管理考核标准既是指导和评价工作的依据，也是公共秩序管理工作的规范和要求，一般可从以下几方面来建立。

1. 管理方式

封闭式管理、24 小时值班、预防为主，人防、物防、技防三者相结合。

2. 管理队伍

专业秩序维护与防范队伍，持证上岗，政治合格，素质过硬，纪律严明，作风优良，具有良好的安全维护与防范意识。

3. 管理制度

岗位职责明确，责任到人，安全管理制度完善，激励奖惩机制有效。

4. 服务行为

工作标准化、管理制度化，服务规范化。

5. 安防设备

安全防范设施、消防设施要认真检查、维修养护，检查情况要有记录，发现有安全隐患问题，要及时反映，配合有关部门认真整改，确保设施完好。

6. 服务效果

着装统一，挂牌上岗；技防设施设备完好，维修养护及时，使用正常；危及人身安全处有明显标识和具体的防范措施；消防设备设施完好无损，可随时起用，消防通道畅通；机动车停车场管理完善，管理责任明确，车辆进出有登记；物业保安力量与当地派出所、110 及其他群防群治力量的衔接协调良好，无重大民事纠纷，无刑事案件；小区内重要目标、重点部位的警戒防卫有专人负责；工作职责明确，责任到人，日常工作有记录等。

拓展提高

不同类型物业的公共秩序管理内容

一、住宅小区的物业公共秩序管理

住宅小区是按照统一规划，合理布局，综合开发，配套建设和统一管理的原则开发建设起来的，并达到一定的规模，具有比较齐全的公共设施配置，能满足住户正常物质文化需求，并为交通干道所分割或自然界限所围成的相对集中的居住区域。从物业管理的角度来看，住宅小区是一个集居住、社会、服务和经济功能于一体的社会缩影。其公共秩序管理的内容包括：

1. 公共安全的维护与防范

物业管理公司要设立治安管理小组或由保安公司进行专职管理，要实行 24 小时保安制度，加强小区内治安巡逻和治安防范；对进出小区的人员和车辆要登记，做好治安事件的记录，联防联保，对于违章行为进行制止和纠正，进行文明礼貌和社会道德教育。

2. 住宅小区的车辆管理

车辆管理的主要工作就是车辆的停放和车辆保管，总体来看有以下几项工作：对进入小区的各种机动车辆应严格加以限制，除特种车外，其他机动车辆进入小区，应严格遵守小区的交通管理规定；设定合适的停车场、棚、库房，不同车辆，分类停放，禁止车辆乱停乱放，订立执行相应的处罚措施；订立适当的车辆进出门卫检查、放行制度，例如，对私家车进行车牌号登记，发证管理；订立车辆停放管理制度；配置相应的监控、防盗措施。

3. 住宅小区的消防管理

消防工作是非常重要的，其主要工作内容有：贯彻国家和地方政府消防工作法令，制定严密的住宅小区内的消防制度；健全专职和兼职的消防组织，建立严格的消防制度和责任人制度；要经常进行防火防灾的宣传教育；抓好平时的管理训练和演习。

二、写字楼的物业公共秩序管理

写字楼是指用于办公的建筑物，或者是由办公楼组成的大楼。它是供政府机构的行政管理人员和企事业单位的职员行政办公和从事商业经营活动的大厦。由于其建筑物档次高，设备设施复杂，且办公的人员密度大，时间集中，因而管理的要求高，难度大。其公共秩序管理的内容包括：

1. 科学化、制度化、规范化、高起点

现代写字楼技术含量高，管理范围广，不能只凭经验办事。要积极探索制定并不断完善一套覆盖各个方面的管理制度，使整个管理工作有章可循，有据可依，使管理与服务走上科学化、制度化、规范化的轨道；要有高素质的员工队伍，高技术的管理手段，高标准的管理要求。只有这样,才能达到良好的管理效果。

2. 加强治安防范,严格出入管理制度,建立客户档案

写字楼的安全保卫工作很重要,它不仅涉及国家、企业和个人财产与生命安全,还涉及大量的行业、商业、部门机密。由于写字楼一般在办公时间都是开放的,所以治安管理难度大。必须加强治安防范,建立和健全各种值班制度,坚持非办公时间出入大楼的检查登记制度,坚持定期检查楼宇防盗与安全设施制度,坚持下班交接检查制度。加强前门、后门的警卫及中央监控,坚持24小时值班巡逻,力求做到万无一失。同时,应全面建立客户档案,熟悉业主、租户情况,增加沟通了解,做到时时心中有数,确保业主、租户人身和财产的安全。

3. 加强消防管理,做好防火工作

由于写字楼规模大、功能多、设备复杂、人流频繁、装修量大,加之高层建筑承受风力大并易受雷击,所以火灾隐患因素多。因此,写字楼防火要求高,应特别加强对消防工作的管理。一定要教育员工、业主、租户遵守用火、用电制度,明确防火责任人,熟悉消防基本知识,掌握防火、救火基本技能;加强防范措施,定期检查、完善消防设施,落实消防措施,发现问题及时处理,消除事故隐患。

4. 加强设备设施的维修保养

设备、设施的正常运转是写字楼运作的核心。应重视写字楼水电设施(包括高低压变电房,备用发电房,高低压电缆、电线,上下水管道等各项设施)的全面管理和维修,供水、供电要有应急措施。应特别注意对电梯的保养与维修,注重对消防系统的检查、测试和对空调系统的保养、维修。要有健全的检查维修制度,要对公用设备、公共场所,如大厅、走廊、电梯间等定期检查、维修维护,对业主、租户的设备报修要及时处理,并定期检查。要做到电梯运转率不低于98%,应急发电率达到100%,消防设备完好率达到100%。

三、购物中心的物业管理

购物中心(Shopping Center)是由一系列零售、服务、娱乐企业和设施组成的商业区或商业群。它具有齐备的功能配置,合理的布局结构,先进的设施手段,灵活的经营方式,宜人的购物环境等,在我国具有良好的发展空间。购物中心所面对的管理对象是不断变换的,因此其物业管理的不确定因素多,管理难度大,与其他类型的物业管理相比,存在较大不同。

1. 安全保卫管理

购物中心面积大,商品多,客流量大,容易发生安全问题,安全保卫要坚持24小时值班巡逻,力求万无一失。硬件配套安装电视监控及红外线报警等监控装置,对商场进行全方位监控,为顾客提供安全、放心的购物环境。

2. 消防管理

由于购物中心属于人流密集型场所,所以消防安全非常重要,消防工作要常抓不懈,一方面要管好消防设备、设施,另一方面还要加强日常监督检查。

3. 设备管理

管理机电设备,保证其正常运转,要保证电梯、空调、电力系统正常运行。

4. 车辆管理

车辆管理要分别设置汽车、摩托车、自行车停放保管区，要有专人指挥，维持良好的交通秩序，同时应设专人看管，以防偷窃。

思考练习

一、填空题

1. 物业公共秩序管理的基本内容包括________、________、________、________、________、________、________、________、________。

2. 公共秩序管理的常规管理包括________、________、________、________等四个方面。

3. 物业公共秩序管理的考核标准包括________、________、________、________、________、________。

4. ________是指物业服务企业（或由其委托的保安公司）通过严密的制度、措施，为保证工作和生活正常有序，给业主和使用人的人身和财产的安全创造良好环境，配合社区组织维护物业管理辖区公共秩序的管理活动。

5. 突发事件应急预案是指在意外事故或突发事件发生时，为维护________和________的利益，物业公共秩序管理员以专业知识技能和训练有素的快速处置能力尽快处理问题、采取应对措施，将损害和不良影响降低到最低限度的方案。

二、选择题

1. 下列不属于公共秩序安全防范管理的主要内容的是（　　）。

A. 劝阻、制止扰乱公共秩序的行为　　B. 值守和巡逻服务

C. 电子监控　　D. 消防队伍建设

2. 下列关于消防安全管理的内容表述错误的是（　　）。

A. 消防安全教育宣传

B. 消防设备设施和器材的配备与管理

C. 消防安全的主要内容是防火安全

D. 消防队伍的建立与培训

3. 下列不属于车辆道路管理内容的是（　　）。

A. 车辆管理　　B. 环卫管理

C. 交通秩序管理　　D. 道路管理

4. 物业考核标准中，不属于服务行为的是（　　）。

A. 工作标准化　　B. 管理制度化

C. 服务规范化　　D. 奖惩鲜明化

5. 下列关于突发事件应急处理错误的说法是（　　）。

A. 制定突发事件处理预案

B. 演练突发事件处理预案

C. 突发事件主要有煤气泄露、火警、漏水（水浸）、停电及电力故障、地震、电梯困

人等

D. 突发事件应急预案制定和演练不需要业主参与

三、简答题

简述物业公共秩序管理中消防管理的主要内容。

学习任务3 公共秩序管理制度规定

任务概述

目前，我国在公共秩序维护管理方面还没有专门的规定和标准，物业服务企业在物业管理实践中，主要根据《中华人民共和国治安管理处罚法》、《中华人民共和国突发事件应对法》、《中华人民共和国消防法》、《中华人民共和国道路交通安全法》、国务院颁布的《城市市容和环境卫生管理条例》和公安部颁布的《机关、团体、企业、事业单位消防安全管理规定》、《建筑工程消防监督审核管理规定》及各地政府主管部门的相关规定等，制定公共秩序管理制度，规范公共秩序管理行为。本任务内容是物业公共秩序管理制度规定，包括辖区秩序维护与防范管理制度规定、消防安全管理制度规定、车辆道路管理制度规定、物业突发事件应急处理制度规定等。公共秩序管理制度规定，是公共秩序管理工作得以有序进行的制度保障。

任务目标

- 能掌握辖区秩序维护管理的制度规定
- 能掌握消防安全管理的制度规定
- 能掌握车辆道路管理的制度规定
- 能掌握物业突发事件应急处理的制度规定

学习内容

一、公共秩序维护与防范管理制度

1. 公共秩序维护与防范管理制度规定

根据《中华人民共和国治安管理处罚法》、《物业管理条例》、《保安服务管理条例》，物业服务企业在进行辖区秩序维护时，配合社区组织、公安机关等部门，针对以下情况，做好劝阻、控制工作，并履行报告义务。

(1)查验出入服务区域的人员的证件，登记出入的车辆和物品。

(2)在服务区域内进行巡逻、守护、安全检查、报警监控。

(3)管理服务中形成的监控影像资料、报警记录,应当至少留存30日备查。

(4)扰乱机关、团体、企业、事业单位秩序,致使工作、生产、营业、医疗、教学、科研不能正常进行的行为。

(5)破坏依法进行的选举秩序的行为。

(6)扬言实施放火、爆炸、投放危险物质扰乱公共秩序的行为。

(7)结伙斗殴、伤害他人的行为。

(8)追逐、拦截他人的行为。

(9)强拿硬要或者任意损毁、占用公私财物的行为。

(10)其他寻衅滋事的行为。

(11)未经批准,安装、使用电网的,或者安装、使用电网不符合安全规定的行为。

(12)在车辆、行人通行的地方施工,对沟井坎穴不设覆盖物、防围和警示标志的,或者故意损毁、移动覆盖物、防围和警示标志的行为。

(13)盗窃、损毁路面井盖、照明等公共设施的行为。

(14)猥亵他人;猥亵智力残疾人、精神病人、不满十四周岁的人的行为;在公共场所故意裸露身体,情节恶劣的行为。

(15)在公共场所停放尸体或者因停放尸体影响他人正常生活、工作秩序、不听劝阻的行为。

(16)在公共场所拉客招嫖的行为;引诱、容留、介绍他人卖淫的行为。

(17)饲养动物,干扰他人正常生活的行为;放任动物恐吓他人的行为;驱使动物伤害他人的行为。

案例分析

无理的酒后来访者

在某一天夜间22点30分左右,正门岗,一个酒后的来访客人要去业主家,由于来访人员不配合登记以及态度不佳,门岗执勤人员怕来访客人会与业主发生矛盾,所以劝导客人明天再来,但是客人非但不走还出言不逊,秩序管理人员及时通知当班班长。当班长赶到现场时,来访客人依然出言不逊,在没有得到明确来访目的后,班长及时通知经理,并报警。在警察赶来的过程中,班长与赶来的经理耐心劝导,来访客人的心情平静了许多,当警察赶到现场的时候来访客人基本恢复了平静,后由警察送回住处。

思考:结合岗位职责及突发事件处理程序,该公共秩序管理的处置是否恰当?

参考资料:公共秩序管理员按照岗位职责正常工作,访客无理辱骂,工作人员能及时上报,合理控制自己的情绪,在关键时刻保护好自己,并避免做出让人误解的举动。班长报警后及时到达现场调节气氛,使得事情圆满结束。

2. 具体标准

(1)《全国物业管理示范住宅小区标准及评分细则》:

①小区基本实行封闭式管理。

②有专业保安队伍,实行24小时值班及巡逻制度,训练有素,言语规范,认真负责。

③危及人身安全处有明显标识和具体的防范措施。

(2)《全国物业管理示范大厦标准及评分细则》:

①大厦基本实行封闭式管理。

②有专业保安队伍,实行24小时值班及巡逻制度,训练有素,言语规范,认真负责。

③结合大厦特点,制订安全防范措施。

④危及人身安全处设有明显标志和防范措施。

(3)《全国物业管理示范工业区标准及评分细则》:

①工业区基本实行封闭式管理。

②有专业保安队伍,实行24小时值班及巡逻制度,保安人员熟悉工业区的环境,文明值勤,训练有素,言语规范,认真负责。

③综合工业区特点,制订安全防范措施,对货物(产品、设备)出门实行凭证通行制度。

④危及人身安全处设有明显标志和防范措施。

(4)《普通住宅小区物业管理服务等级标准(试行)》:

一级

①小区主出入口24小时站岗值勤。

②对重点区域、重点部位每1小时至少巡查1次;配有安全监控设施的,实施24小时监控。

③对进出小区的车辆实施证、卡管理,引导车辆有序通行、停放。

④对进出小区的装修、家政等劳务人员实行临时出入证管理。

⑤对火灾、治安、公共卫生等突发事件有应急预案,事发时及时报告业主委员会和有关部门,并协助采取相应措施。

二级

①小区主出入口24小时值勤。

②对重点区域、重点部位每2小时至少巡查1次。

③对进出小区的车辆进行管理,引导车辆有序通行、停放。

④对进出小区的装修等劳务人员实行登记管理。

⑤对火灾、治安、公共卫生等突发事件有应急预案,事发时及时报告业主委员会和有关部门,并协助采取相应措施。

三级

①小区24小时值勤。

②对重点区域、重点部位每3小时至少巡查1次。

③车辆停放有序。

④对火灾、治安、公共卫生等突发事件有应急预案，事发时及时报告业主委员会和有关部门，并协助采取相应措施。

二、消防安全管理制度规定及标准

1. 消防安全管理制度规定

根据《中华人民共和国消防法》、《机关、团体、企业、事业单位消防安全管理规定》、《建筑工程消防监督审核管理规定》，物业服务企业在进行消防安全管理时，应配合消防部门，履行下列消防安全职责：

(1)制定消防安全制度、消防安全操作规程。

(2)实行防火安全责任制，确定本单位和所属各部门、岗位的消防安全责任人，落实建筑消防设施的管理和值班人员。

(3)对员工、业主和使用人进行消防宣传教育。

(4)组织防火检查，及时消除火灾隐患。

(5)按照国家有关规定配置消防设施和器材，设置消防安全疏散标志。

(6)保障公共消防设施、器材以及消防安全标志完好有效。

(7)保障疏散通道、安全出口畅通，消防车通道畅通。

(8)建立消防档案，确定消防安全重点部位，设置防火标志，实行严格管理。

(9)制定灭火和应急疏散预案，定期组织消防演练。

(10)监督施工现场防火安全情况，对使用明火作业的，应当按照规定事先办理审批。

(11)进行电焊、气焊等具有火灾危险作业的人员和自动消防系统的操作人员，必须持证上岗，并严格遵守消防安全操作规程。

(12)发现火灾时立即报警，组织力量扑救火灾，引导疏散在场群众。

(13)提请业主和使用人在改建、扩建、建筑内部装修及用途变更工程项目时，将消防设计图纸和资料送公安消防监督机构审核，经审核批准后，方可开工兴建。

(14)提请业主和使用人在改建、扩建、建筑内部装修及用途变更工程项目完成时，待公安消防监督机构对建筑工程消防验收后才能入住使用。

2. 具体标准

《普通住宅小区物业管理服务等级标准(试行)》一级、二级、三级均要求消防设施设备完好，可随时启用；消防通道畅通。

(1)《全国物业管理示范大厦标准及评分细则》：

①消防控制中心 24 小时值班，消防系统设施设备齐全，完好无损，可随时启用。

②消防管理人员掌握消防设施设备的使用方法并能及时处理各种问题。

③组织开展消防法规及消防知识的宣传教育，明确各区域防火责任人。

④制定突发火灾的应急方案，设立消防疏散示意图，照明设施、引路标志完好，紧急通道畅通。

⑤无火灾安全隐患。

(2)《全国物业管理示范工业区标准及评分细则》：

①消防控制中心 24 小时值班，消防系统设施设备齐全，完好无损，可随时启用。

②消防管理人员掌握消防设施设备的使用方法并能及时处理各种问题。

③组织开展消防法规及消防知识的宣传教育，明确各区域防火责任人。

④订有突发火灾应急方案，在明显处设立消防疏散示意图，照明设施、引路标志完好，紧急疏散通道畅通无阻。

⑤工业厂房装修需报消防部门审批，对装修过程严格监管，装修完成后经消防部门验收合格方可使用。

⑥区内无火灾安全隐患，督促各用户与消防管理部门签订消防责任书。

⑦集体宿舍消防、用电有严格的管理规定，室内电线、插座安装规范，无安全隐患。

三、车辆道路管理制度规定及标准

1. 车辆道路管理制度规定

根据《中华人民共和国道路交通安全法》、《停车场建设和管理暂行规定》、《停车场规划设计规则（试行）》等相关规定，物业服务企业在进行车辆道路管理时，应履行以下职责：

（1）居住区内应避免过境车辆的穿行，道路通而不畅，避免往返迂回。

（2）居住区的道路应适于消防车、救护车、商店货车和垃圾车等的通行。

（3）居住区的道路有利于居住区内各类用地的划分和有机联系，以及建筑物布置的多样化。

（4）居住区的道路应便于业主和使用人的汽车通行。

（5）居住区的道路应满足居住区的日照通风和地下工程管线的埋设要求。

（6）居住区道路红线宽度不宜小于 20 米。

（7）小区路面宽 6 ~ 9 米，建筑控制线之间的宽度，需敷设供热管线的不宜小于14 米，无供热管线的不宜小于 10 米。

（8）组团路路面宽 3 ~ 5 米；建筑控制线之间的宽度，需敷设供热管线的不宜小于 10 米，无供热管线的不宜小于 8 米。

（9）宅间小路路面宽不宜小于 2.5 m。

（10）在多雪地区，居住区的道路应考虑堆积清扫道路积雪的面积，道路宽度可酌情放宽，但应符合当地城市规划行政主管部门的有关规定。

（11）居住区的道路路面较窄时，应安排必要的排水边沟和会车位。

（12）居住区的道路车行与人行宜分开设置，自成系统。

（13）居住区主要道路至少应有两个出入口；居住区主要道路至少应有两个方向与外围道路相连；机动车道对外出入口间距不应小于 150 米。沿街建筑物长度超过 150 米时，应设不小于 4 米 ×4 米的消防通道。人行出口间距不宜超过 80 米，当建筑物长度超过 80 米时，应在底层加设人行通道。

（14）居住区内道路与城市道路连接时，其交角不宜小于 75 度；当居住区内道路坡度较大时，应设缓冲段与城市道路相连接。

（15）进入居住区的道路，既应方便居民出行和利于消防车、救护车的通行，又应维护院落的完整性和利于治安保卫。

(16)居住区内公共活动中心,应设置为残疾人通行的无障碍通道。通行轮椅车的坡道宽度不应小于2.5米,纵坡不应大于2.5%。

(17)当居住区内用地坡度大于8%时,应辅以梯步解决竖向交通,并宜在梯步旁附设推行自行车的坡道。

(18)在多雪严寒的山坡地区,居住区内道路路面应考虑防滑措施;在地震设防地区,居住区内的主要道路,宜采用柔性路面。

(19)当公共交通线路引入居住区一级道路时,应减少交通噪声对居民的干扰。

(20)居住区内必须配套设置居民汽车(含通勤车)停车场、停车库,并应符合相关规定。

(21)居民停车场、库的布置应方便居民使用,服务半径不宜大于150米。

(22)居民停车场、库的布置应留有必要的发展余地。

(23)机动车停车场内必须按照国家标准《城市道路交通标志和标线设置规范》(GB51038-2015)设置交通标志,施划交通标线。

(24)机动车停车场的出入口应有良好的视野。出入口距离人行过街天桥、地道和桥梁、隧道引道须大于50米;距离交叉路口须大于80米。

(25)机动车停车场车位指标大于50个时,出入口不得少于2个;大于500个时,出入口不得少于3个。出入口之间的净距须大于10米,出入口宽度不得小于7米。

(26)需要利用街道、公共广场作为临时停车场地的,应征得业主委员会的同意。

(27)车辆进入居住区,应减速行驶,不得鸣笛。

(28)所有车辆必须按指定地点停放。

(29)外来车辆和临时进入车辆经许可后,才能进入临时车位停放。

(30)2.5吨以上货车或大客车不允许进入居住区乱停乱放。

(31)装有易燃、易爆、剧毒或污染品的车辆不准进入居住区。

(32)不准在居住区道路学习驾车、试车。

2. 具体标准

(1)《全国物业管理示范住宅小区标准及评分细则》:

①机动车停车场管理制度完善,管理责任明确,车辆进出有登记。

②非机动车车辆管理制度完善,按规定位置停放,管理有序。

(2)《全国物业管理示范大厦标准及评分细则》:

①进出大厦的各种车辆管理有序,无堵塞交通现象,不影响行人通行。

②大厦外停车场有专人疏导,管理有序,排列整齐。

③室内停车场管理严格,出入登记。

④非机动车车辆有集中停放场地,管理制度落实,停放整齐,场地整洁。

(3)《全国物业管理示范工业区标准及评分细则》:

①进出工业区的各种车辆管理有序,无堵塞交通现象,不影响行人通行。

②工业区内停车场有专人疏导,管理有序,排列整齐。

③室内停车场管理严格,出入有登记。

④非机动车辆有集中停放场地，管理制度落实，管理有序，停放整齐，场地整洁。

四、物业突发事件应急处理制度规定及标准

物业服务企业开展物业突发事件应急处理，应遵循《中华人民共和国突发事件应对法》、《中华人民共和国消防法》等所规定的突发事件应对工作实行“预防为主、预防与应急相结合”的原则，从物业管理实际出发，在承接物业时，就要针对可能发生的突发事件制定突发事件处理预案。

1. 物业突发事件应急处理制度规定

(1)落实消防安全责任制、消防安全制度、消防安全操作规程，制定灭火和应急疏散预案。

(2)组织进行有针对性的消防演练。

(3)保障疏散通道、安全出口、消防车通道畅通，保证防火防烟分区、防火间距符合消防技术标准。

(4)按照国家标准、行业标准配置消防设施、器材，设置消防安全标志，并定期组织检验、维修，确保完好有效。

(5)组织防火检查，及时消除火灾隐患。

(6)举办大型群众性活动，承办人应当依法向公安机关申请安全许可，制定灭火和应急疏散预案并组织演练。

2. 具体标准

(1)《全国物业管理示范住宅小区标准及评分细则》：

①电梯按规定或约定时间运行，安全设施齐全，无安全事故，轿厢、井道保持清洁；电梯机房通风，照明良好；制定出现故障后的应急处理方案。

②消防设备设施完好无损，可随时启用；消防通道畅通；制定消防应急方案。

③供水设备运行正常，设施完好，无渗漏，无污染；二次生活用水有严格的保障措施，水质符合卫生标准；制定停水及事故处理方案。

(2)《全国物业管理示范大厦标准及评分细则》：

①制定临时用电管理措施与停电应急处理措施并严格执行。

②制定突发火灾的应急方案，设立消防疏散示意图，照明设施、引路标志完好，紧急疏散通道畅通。

③电梯运行出现险情时，应有排除险情的应急处理措施。

④给排水系统制定事故应急处理方案。

⑤制定中央空调发生故障应急处理方案。

(3)《全国物业管理示范工业区标准及评分细则》：

①制定临时用电管理措施与停电应急处理措施并严格执行。

②制定突发火灾应急方案，在明显处设立消防疏散示意图，照明设施、引路标志完好，紧急疏散通道畅通无阻。

③电梯运行出现险情时，应有排除险情的应急处理措施。

④给排水系统遇有事故，维修人员在规定时间内进行抢修，无大面积跑水、泛水、长时

间停水现象；制定事故应急处理方案。

⑤制定中央空调发生故障应急处理方案。

(4)《普通住宅小区物业管理服务等级标准(试行)》：

一级

①容易危及人身安全的设施设备有明显警示标志和防范措施；对可能发生的各种突发设备故障有应急方案。

②对火灾、治安、公共卫生等突发事件有应急预案，事发时及时报告业主委员会和有关部门，并协助采取相应措施。

二级

①容易危及人身安全的设施设备有明显警示标志和防范措施；对可能发生的各种突发设备故障有应急方案。

②对火灾、治安、公共卫生等突发事件有应急预案，事发时及时报告业主委员会和有关部门，并协助采取相应措施。

三级

①容易危及人身安全的设施设备有明显警示标志和防范措施；对可能发生的各种突发设备故障有应急方案。

②对火灾、治安、公共卫生等突发事件有应急预案，事发时及时报告业主委员会和有关部门，并协助采取相应措施。

拓展提高

一、《中华人民共和国治安管理处罚法》部分条款

第二十六条规定："有下列行为之一的，处五日以上十日以下拘留，可以并处五百元以下罚款：情节较重的，处十日以上十五日以下拘留，可以并处一千元以下罚款：(一)结伙斗殴的；(二)追逐、拦截他人的；(三)强拿硬要或者任意损毁、占用公私财物的；(四)其他寻衅滋事行为。"

第三十七条规定："有下列行为之一的，处五日以下拘留或者五百元以下罚款；情节严重的，处五日以上十日以下拘留，可以并处五百元以下罚款：(一)未经批准，安装、使用电网的，或者安装、使用电网不符合安全规定的；(二)在车辆、行人通行的地方施工，对沟井坎穴不设覆盖物、防围和警示标志的，或者故意损毁、移动覆盖物、防围和警示标志的；(三)盗窃、损毁路面井盖、照明等公共设施的。"

二、《中华人民共和国消防法》部分条款

第十六条规定："机关、团体、企业、事业等单位应当履行下列消防安全职责：(一)落实消防安全责任制，制定本单位的消防安全制度、消防安全操作规程，制定灭火和应急疏散预案；(二)按照国家标准、行业标准配置消防设施、器材，设置消防安全标志，并定期组织检验、维修，确保完好有效；(三)对建筑消防设施每年至少进行一次全面检测，确保完好有效，检测记录应当完整准确，存档备查；(四)保障疏散通道、安全出口、消防车通道畅通，保证防火防烟分区、防火间距符合消防技术标准；(五)组织防火检查，及时消除火灾

隐患;(六)组织进行有针对性的消防演练;(七)法律、法规规定的其他消防安全职责。”“单位的主要负责人是本单位的消防安全责任人。”

三、《中华人民共和国道路交通安全法》部分条款

第三十三条规定:“新建、改建、扩建的公共建筑、商业街区、居住区、大(中)型建筑等,应当配建、增建停车场;停车泊位不足的,应当及时改建或者扩建;投入使用的停车场不得擅自停止使用或者改作他用。”“在城市道路范围内,在不影响行人、车辆通行的情况下,政府有关部门可以施划停车泊位。”

第六十一条规定:“行人应当在人行道内行走,没有人行道的靠路边行走。”

四、《中华人民共和国突发事件应对法》部分条款

第五条规定:“突发事件应对工作实行预防为主、预防与应急相结合的原则。国家建立重大突发事件风险评估体系,对可能发生的突发事件进行综合性评估,减少重大突发事件的发生,最大限度地减轻重大突发事件的影响。”

第十八条规定:“应急预案应当根据本法和其他有关法律、法规的规定,针对突发事件的性质、特点和可能造成的社会危害,具体规定突发事件应急管理工作的组织指挥体系与职责和突发事件的预防与预警机制、处置程序、应急保障措施以及事后恢复与重建措施等内容。”

五、《机关、团体、企业、事业单位消防安全管理规定》部分条款

第二十六条规定:“机关、团体、事业单位应当至少每季度进行一次防火检查,其他单位应当至少每月进行一次防火检查。检查的内容应当包括:(一)火灾隐患的整改情况以及防范措施的落实情况;(二)安全疏散通道、疏散指示标志、应急照明和安全出口情况;(三)消防车通道、消防水源情况;(四)灭火器配置及有效情况;(五)用火、用电有无违章情况;(六)重点工种人员以及其他员工消防知识的掌握情况;(七)消防安全重点部位的管理情况;(八)易燃易爆危险物品和场所防火防爆措施的落实情况以及其他重要物资的防火安全情况;(九)消防(控制室)值班情况和设施运行、记录情况;(十)防火巡查情况;(十一)消防安全标志的设置情况和完好、有效情况;(十二)其他需要检查的内容。”“防火检查应当填写检查记录。检查人员和被检查部门负责人应当在检查记录上签名。”

第三十六条规定:“单位应当通过多种形式开展经常性的消防安全宣传教育。消防安全重点单位对每名员工应当至少每年进行一次消防安全培训。宣传教育和培训内容应当包括:(一)有关消防法规、消防安全制度和保障消防安全的操作规程;(二)本单位、本岗位的火灾危险性和防火措施;(三)有关消防设施的性能、灭火器材的使用方法;(四)报火警、扑救初起火灾以及自救逃生的知识和技能。”“公众聚集场所对员工的消防安全培训应当至少每半年进行一次,培训的内容还应当包括组织、引导在场群众疏散的知识和技能。”“单位应当组织新上岗和进入新岗位的员工进行上岗前的消防安全培训。”

思考练习

一、填空题

1. 公共秩序管理的制度规定包括________、________、________、________。

2. 物业服务企业在制定辖区秩序维护与防范规定时,可参照的法规有________、

________、________。

3. 物业服务企业在进行车辆道路管理时,居住区道路红线宽度不宜小于________。

4. 按照物业突发事件应急处理制度规定,在举办大型群众性活动时,承办人应当依法向________申请安全许可,制定灭火和应急疏散预案并组织演练。

二、选择题

1. 下列不属于消防安全管理制度规定制定的法律依据的是(　　)。

A.《中华人民共和国消防法》

B.《机关、团体、企业、事业单位消防安全管理规定》

C.《建筑工程消防监督审核管理规定》

D.《中华人民共和国治安管理处罚法》

2. 下列不属于物业突发事件应急处理制度规定的是(　　)。

A. 组织进行有针对性的消防演练

B. 组织防火检查,及时消除火灾隐患

C. 按照国家标准配置消防设施、器材,组织检验、维修,确保完好有效

D. 居民区的道路应适于消防车、救护车、商店货车和垃圾车等的通行

3. 下列关于车辆道路管理制度规定说法不正确的是(　　)。

A. 居民区内可允许过境车辆穿行

B. 居民区的道路应便于业主和使用人的汽车通行

C. 居民区的道路红线宽度不宜小于 20 m

D. 居民区的道路车行与人行宜分开设置自成系统

三、简述题

在制定物业公共秩序管理制度规定时,可参照依据的法律法规有哪些?

单元要点归纳

本单元主要从认识物业公共秩序管理、物业公共秩序管理的内容、基本管理制度三个方面概述物业公共秩序管理。

物业公共秩序管理是指物业服务企业在物业管理区域内协助政府有关部门所进行的公共安全防范、车辆道路管理、消防安全管理和突发事件处置等管理服务活动。其目的是要保证和维持业主和使用者有一个安全舒适的工作和生活环境,以提高生活质量和工作效率。物业公共秩序管理对于维护业主利益、增强企业竞争力、提升物业价值和促进社会和谐稳定意义重大。

物业公共秩序管理的基本内容包括管理制度建设、制定工作计划、人员选聘培训、日常管理、工作检查、设备装备管理、突发事件应急预案、宣传教育、档案管理等九个方面;物业公共秩序常规管理工作涉及公共安全防范、车辆道路管理、消防安全管理、突发事件处置等。物业服务公司应建立公共秩序管理考核标准,公共秩序管理考核标准既是指导和评价工作的依据,也是公共秩序管理工作的规范和要求,一般可从管理方式、管理队伍、管理制度、服务效果、安防设备、服务行为等方面来建立。

物业公共秩序管理是公安、消防部门进行治安维护与防范、消防安全的重要辅助力量,物业公共秩序管理部门简称“秩序部”,其主要任务是落实各项治安、消防、车辆制度,维护小区内的公共秩序和进行安全巡查。物业公共秩序管理制度则是落实各项任务的基本保障,制度涉及秩序维护与安全防范、消防安全管理、车辆道路管理、突发事件处理等多方面内容。

第二单元　物业公共安全防范管理

单元概述

本单元内容是物业公共安全防范管理，具体包括公共安全防范管理的基本概念；物业安防队伍的建设与管理；物业门卫管理；物业巡逻管理；监控管理的内容与技术；常见危险源的识别与处置；突发事件的预案与处理等。公共安全防范管理在现代物业管理中有着重要的地位，它保证业户的安居乐业，是社会稳定的基础，是成功物业管理的重要元素。物业安全防范管理的有序实现，既要重视安防队伍的组建与管理，又要突出对重点区域的安全防范，如门卫、巡逻、监控等，同时还要对突发事件做好应急预案，以便快速反应，及时处理。

单元目标

- 掌握物业公共安全防范管理的基本概念与内容
- 学会物业安全防范队伍的组建与管理
- 学会门卫管理
- 学会如何巡逻及管理
- 能掌握监控管理的内容与技术
- 能对常见危险源进行辨别
- 对突发事件快速有效地反应和处理

学习任务1 物业公共安全防范概述

任务概述

本任务内容是物业公共安全防范概述，包括物业公共安全防范管理的概念和分类；物业公共安全防范管理的基本内容；物业公共安全防范管理的基本要求；安全防范检查的工作方法；安全防范管理的注意事项及服务规范等。物业安全防范管理的主要工作就是防止破坏和损失，要做到这一点，首先要熟悉安全管理的基本概念、内容与要求，同时落实检查，规范服务，尤其注意安防管理中的注意事项，高度警惕各类安全事件。

任务目标

- 知道物业安全防范的概念界定及分类
- 掌握物业安全防范管理的基本内容
- 牢记物业安全防范管理的基本要求
- 操作物业安全防范工作的检查方法
- 熟悉物业安全防范服务的规范
- 了解物业安全防范管理的注意事项

学习内容

一、物业安全防范管理的概念和分类

1. 物业安全防范管理的概念

物业安全防范管理是物业服务公司为防盗、防破坏和防灾害事故，保障物业服务公司所管物业区域内的人身、财务安全，保护业主的正常生活工作秩序，对所管物业进行的一系列管理活动。物业安全防范管理在现代物业管理中有着重要的地位，它保证业户的安居乐业，是社会稳定的基础，是成功物业管理的重要元素。

案例分析

某花园A栋1 604房业主李某深夜回来时在小区内被不法分子袭击受伤。李某以某物业管理公司未尽物业管理职责，安防人员不合格导致小区不安全，业主人身受到伤害为由将某物业公司告上法庭，要求物业公司赔偿医疗费、交通费、误工费、营养费、护理费及精神损失费共计人民币108 605元。某物业公司辩称，物业管理保安服务的范围是指为维护物业管理区域的公共秩序而配合公安机关实施的防范性安全保卫活动，其在进行物业管理时，并不负有保证每个居民人身安全的义务。而且该物业公司也已按合同要求配置了24小时安防人员。在案件发生时，门岗当班的安防人员及巡逻安防人员并未发生违规操作或脱岗现象，亦未发现陌生人进入大厦。因此不同意原告的诉讼请求，但愿意从道义上给予原告一次性经济补偿人民币3 000元。

案例提示：治安管理是一项社会责任，物业公司的安全防范服务仅限于防范性安全保卫活动，并不能要求完全根除治安案件。

2. 物业安全防范管理的分类

物业安全防范管理的主要工作就是防止破坏和损失。产生破坏和损失的原因有很多，制定和完善各项安防岗位职责，应根据实际情况制定各项保安制度：根据保安区域大小和小区治安情况，配备相应数量的保安员，实行24小时值班制度；建立正常的巡逻制度，并明确重点保卫目标，做到点、面结合。具体可分为：

（1）门卫：门卫一般设置在住宅或商业大厦的进出口处。门卫安全防范的主要职责是：严格控制人员和车辆的出入，对来访人员实行验证登记制度；对外出携带物品实行检查制度，防止保安区域财物损失，并维护附近区域秩序；防止有碍安全和有伤风化的事件发生。门卫应实行24小时值班制。

（2）巡逻：巡逻是指在一定物业区域内有计划地巡回观察，以确保该区域的安全。巡逻的目的有两个，一是发现并消除各种安全隐患，如门窗未关好、各种设施设备故障和灾害隐患、值班与守护不到或不认真等；二是及时处理各种违法犯罪行为。

（3）监控：监控是指对特定或重要目标实行实地看护和守卫活动，如一些重点单位、商场、银行、证交所、消防与闭路电视监控中心、发电机房、总配电室、地下车库等。安排守护人员时，应根据守护目标的范围、特点及周围环境，确定适当数量的哨位。监控哨位应负有以下职责：监控目标情形、性质、特点、周围治安情况和监控方面的有利、不利条件；有关制度、规定及准许出入的手续和证件；哨位周围地形及设施情况；电闸、消火栓、灭火器等安全设备的位置、性能和使用方法，各种报警系统的使用方法等。

二、物业安全防范管理基本内容

1. 健全安防机构，完善安防制度

在国外，物业管理由专业的保安机构负责；在我国，物业保安主要是由物业服务公司负责。因此，物业服务公司应建立健全安全防范组织机构，加强对安防部门的领导和管理，配备充足的安防队员。同时，物业服务公司应根据物业的实际情况，建立并完善安全岗位职责和各项安全保卫制度，如保安员交接班制度、保安值班岗位责任制等。

2. 出入管理

物业项目的出入管理应根据国家法规和物业管理服务合同的约定，区分不同物业的类型和档次，制订相应方案，实现人员、物品、车辆等出入的有效管理。

在出入管理中，安防人员应熟悉国家有关法律法规、本小区公共秩序管理服务规章制度，熟悉本岗位工作规程及相关安防设施设备的使用方法，合理控制出入管理环节，认真履行岗位职责，发现异常情况及时采取相应防范措施。

3. 安防系统的使用、维护和管理

物业管理安防系统是指物业管理区域内用于治安、消防、车辆管理及紧急呼叫等安全防范的技术设备系统。常用的安防系统有闭路监控系统、红外报警系统、自动消防监控系统、门禁系统、自动呼救系统、道闸系统、煤气自动报警系统和巡更系统等。

为确保安防系统功能的正常发挥，安防人员要熟练掌握安防系统的技术性能，使之相互配合，正确使用，如利用监控系统和自动报警系统的相互配合，减少误报，提高管理效率。同时，安防系统应由专人维护与保养，定期检查、检测，发现问题及时处理。

4. 施工现场管理

对于在建工地的施工现场，实施物业化管理，确保施工现场生活区、办公区域环境整治。为作业人员创造安全、舒适、文明、和谐的生活和工作环境，可以更好地进行现场管理。

5. 定期对安防人员开展各种培训工作

只有常抓不懈地开展培训工作，提高保安员的思想素质和业务能力，才能提高治安防范能力。对保安员培训的内容包括法律、职业道德教育、礼貌服务意识、基本的物业管理知识、管理公司规章制度、安防知识等。

6. 配合政府开展社区管理，做好群防群治工作

为了共同做好社区管理，创建安全和谐社区，物业服务企业除做好各项物业管理服务工作外，还应协助公安机关、居委会等政府部门做好社区安全防范管理工作。

(1)物业服务企业在社区组织重大活动时，应及时知会辖区派出所及社区居委会，相互协调，避免发生意外事故。

(2)物业管理辖区内发生治安或意外事故时，应及时通知相关部门，并协助做好调查取证及善后处理工作。

(3)积极配合相关部门做好法律政策宣传教育。

7. 安全管理标志的设置和防范措施

为保证业主及物业管理服务人员的人身安全，避免发生意外，保安部门需在易发生事故和意外的场所设置明显的警示标志，并制定有效的防范措施。

物业管理区域内易发生安全隐患的地方，主要包括配电室、天台、墙体、煤气房、停车场、施工现场等，应对上述位置设立明显警示标志。在墙体、天台围墙等地应设置“危险！请勿攀爬”警示牌；在配电室、煤气房等地应设置“闲人免进”、“禁止烟火”等警示牌；在清

洁现场应放置“小心地滑”警示牌;外墙清洗等高空作业时,应摆放“正在施工”、“高空作业”等警示牌;在停车场内设立各种警示灯、警示语、防撞、防滑标志,人行道、车行道、进口、出口标志,标高、限速标志等。

特别提示

除了潜在危险区域的危险提示、警告标志设置外,尚需采取相应的应急防范措施:在高空作业和施工现场受影响范围内设置障碍物,防止行人进入危险区;在雨天为了防止行人滑到,应在光滑区域采取适当措施,如放置防滑毯;在施工现场、配电室、煤气房等处按照相关要求放置灭火器;在监控室放置灭火工具和防毒面罩;对天台入口加封条实行封闭式管理;对水箱实行加盖、加锁,采取闲人不得入内的防范措施等。

三、物业安全防范管理的基本要求

为了加强管理,堵塞漏洞,减少各种事故的发生,确保物业辖区的安全,使业户放心满意,保安管理的基本要求如下:

1. 做好日常安全防范工作

(1)门卫、巡逻、监控是安防管理的三个重要岗位,构成一个完善的安全保障体系。因此要求保安员尽职尽责,按管理规定和程序要求当好每一班岗。

(2)加强巡逻工作,尤其是不定时巡逻、突击巡逻和晚上巡逻等多种形式的巡逻,以免坏人掌握规律,伺机作案。

(3)平时要特别注意关键部位、房屋、设施的安全防范,监控中心、机房、仓库等要加强管理,一旦设备、设施损坏,要及时更换、维修,以免发生事故。

(4)做好节假日、喜庆日的安全防范,以免因一时疏忽而造成事故。

(5)保安员的语言、举止、服装仪表都要符合文明规范,体现保安队伍的精神风貌。

(6)加强保安部门内、外教育,做好群防群治的动员,使安防管理更有效。

2. 防止事故或盗窃的发生

(1)加强管理,来访人员进出要做好登记,并按小区规章办事。

(2)动员、教育业主要做好室内安全防范,以免不法分子乘虚而入。

(3)维持公共场所的秩序,以免不怀好意的人聚众闹事,影响大家的正常生活。

(4)加强一层、二层、顶层或临街物业的安全防范。

(5)对长期无人居住而设施齐备的空置房要加强保安巡视。

(6)做好水池、仓库的安全防范。

(7)做好恶劣天气的安全防范,台风、暴雨期要防止水浸、渠塞、漏水、门窗损坏、花盆下坠等事故发生。

(8)与业主加强沟通,避免并及时阻止一些蓄意破坏的事件发生,如炸弹恐吓、勒索钱财等。

四、物业安全防范工作检查方法

1. 日检

安防队伍的各班班组长每天应依据检查标准对本班各岗位的当班人员进行检查，检查内容包括仪表礼节、服务态度、工作纪律、工作质量、工作记录、交接班、岗位形象和安全隐患等，对存在的问题应及时指出并作相应处理。

2. 周检

安防主管及项目领导每周应根据检查标准进行全面检查，除日检内容之外，其内容还包括各类安防设施设备的检查、业主意见收集反馈、班组长检查记录和安全隐患分析等，并填写周检记录表。

3. 月检

月检工作是指由指定人员对各项目的安防工作进行全面检查，重点检查现场管理效果及过程管理记录，确保安防工作的有效性。

4. 督查

督查工作是指由指定的督查队员不定期对安防工作进行突击检查，确保安防工作严格按标准执行，并对违规人员进行教育和处罚。

五、物业安全防范工作的服务规范

1. 安防人员的仪表和礼貌礼仪

(1)执勤时整洁着装、佩戴工号牌；

(2)精神饱满，站立、行走姿态规范；

(3)执勤中认真履行职责，不脱岗，不做与工作无关的事情；

(4)举止文明大方，主动热情，耐心周到；

(5)办事高效，坚持原则，礼貌待人。

2. 巡逻、门岗等执勤岗位

(1)服从领导，听从指挥；

(2)熟悉物业及业主(或物业使用人)基本情况，如业主(物业使用人)家庭成员、楼宇结构、消防设备、各类技防设备、各类机电设备分布情况、消防中心、应急反应等；

(3)按规定路线和方式巡逻、签到，未签到或不及时签到要记录原因；

(4)熟悉人员和物品出入管理流程，具备条件的，可对外来人员及外搬物品做好记录及控制；

(5)观察细致，反应迅速，按照有关规定及时发现、处理各种事故隐患及突发事件；

(6)相互配合，妥善处理各种问题，对于超出职权或无法处理的情况，应及时汇报。

具体管理深度和配备人员的多少，要根据物业管理服务费用的水平和管理合同的约定来制订。

3. 值班记录

(1)记录及时、齐全、规范和真实;

(2)交接班事项及物品记录清晰,未完成事项有跟进记录;

(3)接班人员分别签名确认;

(4)记录、分类和归档正确及时,记录本整洁完好,记录字迹清楚。

4. 技防设施设备

技防安防系统是指物业管理区域内用于治安、车辆管理、消防及突发事件处理等安全防范的技术设备系统。常用的技防安防系统主要有闭路电视监控系统、门禁系统、红外入侵报警系统、消防自动监控系统、燃气自动报警系统、道闸系统、居家报警系统和巡更系统。为了发挥技防系统功能的技术优势,平时要加强对设备正确使用的培训。安全员应该正确使用并熟练掌握安防系统的技术性能,并有专人负责维护保养,定期检查检测,发现问题及时解决,并做好记录。

(1)各类安防设施设备齐全完善,使用正常;

(2)定期检查和维护,并有完整记录;

(3)标识明显正确,相关制度应张贴在墙壁的醒目处。

六、物业安全防范管理的模式

物业安全防范管理工作的实施,通常都是聘用社会专业保安服务公司或自己组建安保部门,或者采取两者合一的混合式。

根据有关规定,保安服务公司只能由公安机关审批和组建,其他任何单位、部门和个人均不得擅自组建。自建保安部,是指物业服务公司自行招收、管理保安员,负责物业区域内部安全的保卫组织。无论采取哪种保安管理模式,都须先对以下内容做出评估:

1. 工作的范围是什么

即巡逻的重要地方,例如:停车场、实验室、行政大楼、危险品仓库和办公室。

2. 由谁来做

保安员。

3. 为什么要这样做

巡查潜在危机,包括:防盗、防火、防水浸、防欺诈、防刑事毁坏以及各种损失。

4. 这些工作有需要吗

防止第3项叙述的一切危机和减少损毁。保安工作是依据每一个评估项目研讨而做出的工作指标。

七、物业安全防范管理的注意事项

1. 遇到有人在公共区域聚众闹事,应立即向公安机关报告,并及时上报上级领导,协助公安机关迅速平息事件,防止事态扩大。

2. 遇有违法犯罪分子正在进行盗窃、抢劫、行凶和纵火等违法犯罪活动时,应立即报警,协助公安机关制止,并采取积极措施予以抢救、排险,尽量减少损失。对于已发生的案件，应做好现场的保护工作，以便公安机关进行侦查破案。

3. 管辖范围内公共区域有疯、傻、醉等特殊人员进入或闹事时，应将其劝离管辖区，或通知其家属、单位或公安派出所将其领走。

4. 辖区公共区域内出现可疑人员，要留心观察，必要时可礼貌查问。

5. 管辖区域内发生坠楼等意外事故，应立即通知急救单位及公安部门、家属，并维护好现场，做好辖区客户的安抚工作，等待急救单位及公安部门前来处理。

特别提示

物业公司在安全防范管理的区域内，按照职责进行安全防范服务与检查，可以预防和减少安全事件的发生，但无法避免。

“事故源于麻痹，安全来自防范”，物业安全防范的重点在于防患于未然。根据美国学者马斯洛的需要层次理论分析：“人的需要是逐级上升的，生理需要和安全需要是低层次的需要，低层次的需要满足后就会产生更高层次的需要。放在物业管理活动中来看，为业主提供一个安全、安心的居住、工作和休息环境是业主对物业管理企业的一个最基本的要求。只有在业主和物业使用人员感到安全、安心的前提下，才能感受到现代人性化物业服务带来的尊贵享受。

拓展提高

各类警示标志大全

类型	内容	标志	备注
禁止标志	禁止烟火	 禁止烟火	
	禁止带火种	 禁止带火种	
	禁止穿带钉鞋	 禁止穿带钉鞋	

（续表）

类型	内容	标志	备注
	禁止驶入	 禁止驶入	
	禁止打手机	 禁止打手机	
	禁止穿化纤服装	 禁止穿化纤服装	
	禁止通行	 禁止通行	
	禁止吸烟	 禁止吸烟	
	禁止乘人	 禁止乘人	
警告标志	当心落物	 当心落物	
警告标志	当心中毒	 当心中毒	

（续表）

类型	内容	标志	备注
	当心腐蚀	 当心腐蚀	
	当心机械伤人	 当心机械伤人	
	当心滑跌	 当心滑跌	
	当心火灾	 当心火灾	
	当心触电	 当心触电	
	当心爆炸	 当心爆炸	
	当心吊物	 当心吊物	
	当心泄漏（管道）	 当心泄漏	

（续表）

类型	内容	标志	备注
	当心泄漏（储罐）	 当心泄漏	
	当心碰头	 当心碰头	
指令标志	必须戴安全帽	 必须戴安全帽	
	必须戴防毒面具	 必须戴防毒面具	
	必须穿工作服	 必须穿工作服	
	必须戴防护帽	 必须戴防护帽	
	必须戴防尘口罩	 必须戴防尘口罩	
	必须戴防护手套	 必须戴防护手套	

（续表）

类型	内容	标志	备注
	必须戴防护眼镜	 必须戴防护眼镜	
	必须戴护耳器	 必须戴护耳器	
提示标志	注意安全	 注意安全	
	注意通风	 注意通风	
	注意防尘	 注意防尘	
	噪声有害	 噪声有害	

思考练习

一、填空题

1. ________是物业服务公司为防盗、防破坏和防灾害事故而对所管物业进行的一系列管理活动，是为了保障物业服务公司所管物业区域内的人身、财物安全，保护业主的正常生活工作秩序。

2. 物业安全防范管理可以分为________、________、________三类。

3. 物业安全防范管理的基本内容包括________、________、________、________、________、________、________。

4. 物业管理安全防范工作检查方法主要有________、________、________、________四种。

5. 物业安全防范服务的规范主要有________、________、________、________四种。

二、选择题

1. (　　)是指在一定物业区域内有计划地巡回观察，以确保该区域的安全。

A. 巡逻　　B. 门卫　　C. 监控　　D. 车场

2. 下列关于物业安全日常防范管理要求的是(　　)。

A. 保安员尽职尽责，按管理规定和程序要求当好每一班岗。

B. 加强巡逻工作，尤其是不定时巡逻、突击巡逻和晚上巡逻

C. 做好节假日、喜庆日的安全防范

D. 加强管理，来访人员进出要做好登记，并按小区规章办事

3. 安全防范工作日检由(　　)负责。

A. 安防队伍的各班班组长　　B. 安防主管及项目领导

C. 指定人员　　D. 指定的督查人员

4. 不属于技防安防系统的是(　　)

A. 燃气自动报警系统　　B. 红外入侵报警系统

C. 闭路电视监控系统　　D. 物联网智控系统

5. 下列关于物业安全管理标志的设置表述错误的是(　　)

A. 保安部门需在易发生事故和意外的场所设置明显的警示标志。

B. 物业管理区域内易发生安全隐患的地方，主要包括配电室、天台、墙体、煤气房、停车场、施工现场等。

C. 在清洁现场、外墙清洗等场所没有危险因素，无须设置警示标志。

D. 在配电室、煤气房等地应设置“闲人免进”、“禁止烟火”等警示牌。

三、简答题

1. 安防人员的仪表和礼貌礼仪规范是如何要求的？

2. 案例分析：

业主被害，物业管理公司未严格履行承诺赔5万

2008年11月，岳某见某小区门口没有秩序维护员盘查登记，就选中了该小区作案。某天下午，岳某潜入该小区，来到被害人孙某家门口时，发现门没锁，进去后发现二十几岁的女士孙某独自在家，就把门反锁，用凶器威胁孙某交出钱款，孙某说家中只有300元和少许美元及卢布，岳某遂要求孙某到银行取款。岳某劫持孙某坐电梯下行至一层觉得不安全又重新乘电梯返回孙某家中，将孙某先奸后杀后抢走钱款及手机，乘电梯离开。之后岳某被判处死刑。因岳某系无业游民，没有赔偿能力，因此孙某的父母及丈夫并没有向岳某提起刑事附带民事诉讼。

刑事案件审判结束后，孙某的家人将小区物业管理公司告上法庭，称该物业管理

公司没有尽到安全保障义务,使岳某未经盘查即进入小区造成惨案,应当承担违约责任,请求判令物业管理公司赔偿因管理不善造成的各项损失51万余元。物业管理公司辩称,虽然《住户手册》中规定物业管理公司对进入小区的陌生人员进行查询登记,但在实际中因为很多小区业主对此表示反感和反对,于是就采取了变通措施,不是对所有人员进行盘查,而是在秩序维护员发现有可疑人员时才进行盘查。另外,被害人安保意识不强,独自在家却不锁门,被劫持后也没有积极呼救,对其被害也存在过失。物业管理公司的公共秩序维护只负责维护公共范围的秩序,如果由物业管理公司承担入室抢劫的赔偿责任,不仅与其享有的权利不对等,而且也不具备这个能力。因此,物业管理公司不同意孙某家人的诉讼请求。

一审法院审理查明,该小区《住户手册》规定:"为保护小区的正常秩序,值班人员对进入本物业的陌生人士要进行查询,来访人员请持有效证件进行登记。"案件审理中,物业公司承认在具体执行中,未能做到对进入小区的陌生人员全部进行登记,其提交的事发当日"大门口人员出入记录"也无岳某的记载,属于未完全履行合同,作出物业管理公司赔偿其5万元经济损失的判决。一审法院经审理判决后,孙某亲属不服,提出上诉。

思考:

在该事故中物业公司是否负有责任?

物业公司在物业管理方面存在哪些缺陷?

学习任务2 物业安防队伍建设和管理

任务概述

本任务的主要内容是物业安防队伍的建设和管理。要做好安防队伍的组建与管理工作,首先要进行机构的合理设置和岗位职责的合理划分;其次要从保安员的招聘、培训、管理、考核等方面进行队伍的管理;最后要从制度层面保障安防队伍建设和管理的有序进行。物业安防队伍的优劣,既关系到所辖小区公共秩序与安全的维护和防范的实现,又直接影响物业企业的服务质量与品牌形象。因此,在物业管理工作中,安防队伍的建设和管理至关重要。

任务目标

- 会进行安防机构的合理设置,熟悉各岗位职责
- 能进行安防队伍的组建和管理

- 能理解安防队伍管理的制度，学习因地制宜地制定合理的规章规则

学习内容

一、物业安防机构设置与岗位职责

1. 安防机构设置

安防管理的机构设置与所管物业的类型、规模有关，物业管辖的面积越大，类型配套设施越多，班组设置也越多越复杂。根据物业服务工作的要求，物业管理公司通常可以设置保安部来负责物业的安全管理。一般保安部下设有办公室、门卫、巡逻、电视监控、消防、车场保安等(图 2－1)。由于保安部要 24 小时负责辖区的安全防范与保卫工作，保安部人员工作排班特点突出表现在班次的设置和岗位的轮换上。保安部管理层人员为日常班，保安员实行“四班三运转”，即将保安员分为四个班组，每天分为早中晚三个班组上班，一个班组轮休。每个班都有消防、巡逻、门卫、电视监控、车场保安员。这种分班方式便于实行治安工作的统一管理，但是要求班长具有较强的管理能力和全面的保安工作经验。岗位轮换的原则是岗位固定、人员流动。

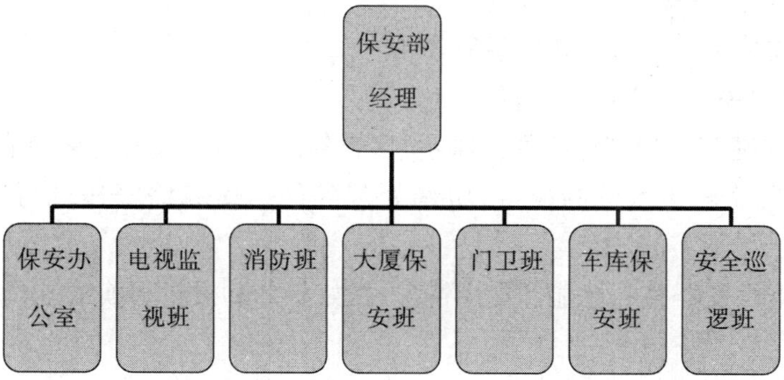

图 2－1　安防机构设置

2. 具体岗位职责

岗位职责是岗位工作的描述，是检查评定工作质量的依据，只有建立了清晰的岗位职责，才能确保各安保岗位工作充分有效地实施。因此物业管理企业需要建立不同层级的岗位职责，同时不同物业对保安岗位的设置也不相同，以下列举一些常见的保安岗位职责供参考。

(1)保安部岗位总责：

①贯彻执行国家公安部门关于安全保卫工作的方针、政策和有关规定，建立物业辖区内的各项保安工作制度，对物业辖区安全工作全面负责。

②组织部门全体人员开展各项保安工作，提出岗位设置和人员安排的意见，制定岗位职责和任务要求，主持安全工作例会。

③熟悉物业区域常住人员，及时掌握变动情况，了解本地区治安形势，有预见地提出对物业辖区保安工作的意见和措施。

④积极开展“五防”(防火、防盗、防爆、防破坏、防自然灾害)的宣传教育工作，采取切

实措施，防止各类事故发生，具有突发性事故的对策和妥善处理的能力。

⑤抓好对部门干部和职工的安全教育、培训工作，提出并落实教育培训计划。

有效的管理组织结构有利于提供可靠的安全服务。对于保安部，首先应该根据物业管理规模设置适宜的工作岗位和岗位职责，然后确定安全管理人数，并根据管理的服务承诺等因素来进行人员排班等工作安排，对安全管理关键岗位应配置具有责任心、管理能力、敬业爱岗的高素质人员。

(2)保安经理岗位职责：

①保安部经理应对整个物业范围内的安全负有组织领导的具体责任。

②根据国家治安的有关规定及物业管理公司的有关管理细则制定保安部门的工作计划和目标，并督导下级管理人员的工作。

③主持部门例会，传达贯彻总经理及有关部门的指示，并与广大保安人员一道分析研究住宅小区的治安管理问题。

④熟悉和掌握住宅小区内各种保安设施的操作和性能，熟悉住宅小区内治安状况，做到心中有数。

⑤对重大事件、事故亲自组织调查、处理。

⑥负责完成总经理交办的其他事项。

(3)保安办公室负责人岗位职责：

①24 小时保持与各保安班的通信联系，检查各值班岗位人员到岗和值勤等情况。

②接待业主及来访人员的投诉，协调处理各种纠纷和治安违规行为，并做好处理记录。

③及时检查保安器材的性能和使用情况，做好保养和及时更换的工作，保证随时能正常使用。

④出现紧急情况时，通过对讲机对保安人员进行统一的指挥调度。

⑤做好保安员的出勤统计和工资、奖金、福利等的发放。

⑥做好各种内外文件、信函资料的整理归档。

(4)保安班长岗位职责

①对部门经理负责，做好所管辖区内安全治安工作。

②带领保安班全体人员，根据制定的岗位责任制，认真严肃、一丝不苟地搞好安全保卫工作。

③根据岗位责任制所规定的项目和要求，严格进行检查，督促全体保安人员落实岗位责任制。

④要有法律知识和法律观念，熟悉保安业务，了解物业管理公司所制定的规章制度，掌握管区内治安保卫工作的规律、特点，严格管好、做好安全保卫工作。

⑤做好部门领导和基层保安人员的协调工作，及时将保安人员反映的各种信息向上级汇报，为上级领导部门提供建设性的工作建议，同时及时传达、落实上级的指示精神和工作安排。

⑥认真做好本班保安人员的考勤工作，详细如实地记载工作中遇到及处理的各种情

况,每天应向部门经理汇报一次。

⑦以身作则,做好本职工作。

(5)监控保安员岗位职责:

①熟练掌握监控仪器,严格执行操作规程,确保系统的运行;对所监控的各个区域要非常熟悉,发现异常情况立即报告并做好详细记录。

②工作时间不得擅自离开岗位,不得打瞌睡。

③做好录像的准备工作,出现异常情况立即录像。

④严格遵守监控值班室的管理制度。

⑤除上级领导和监控人员外,禁止任何人进入监控值班室。

⑥要爱护监控设备,出现故障立即向主管报告,并做好记录。

⑦认真做好交接班工作。

⑧完成上级下达的各项工作任务。

(6)巡逻保安员岗位职责:

①巡逻保安员要着装整洁、语言文明、礼貌待人,不得喝酒、吸烟、闲谈。

②巡逻保安员必须沿巡逻路线认真地检查巡视,到指定地点打卡计时,不得乘坐电梯;若有乘坐电梯或不按巡逻路线巡逻的,一经发现,将按奖惩细节扣分并作严肃处理。

③在巡逻中应认真检查天棚、地面、水渠及偏僻的角落,查看有无垃圾或不清洁的地方,有无公共设施、设备被损坏;若发现有损坏的设施设备,应立即填写整修通知单,交有关部门处理。

④在巡逻中,若嗅到不正常的气味时,迅速寻找异味来源。如属液化石油气泄漏,则立即进行处理;如不能处理时立即报管理处,并请石油气公司维修人员速来解决;如有"火警",则立即扑灭。

⑤发现业主未关房门时,立即提醒其将门关好,防止坏人混入。注意辨听楼内是否有响动声音,是否有人撬门、撬锁,是否有呼叫、呼喊声音;如果有紧急情况,迅速用对讲机呼叫,请求支援。

⑥在巡逻中发现有形迹可疑的人在楼上走动,则应立即进行查询,请其下楼;如遇无理取闹的,则扭送派出所。

⑦劝说小区内过往行人不要乱丢果皮、纸屑、烟头,请其扔在果皮箱内。

(7)大堂保安员岗位职责:

①负责维持大堂秩序,保证大堂出入口畅通。

②密切注视大堂出入人员,劝离衣冠不整者及闲杂人员。

③负责查验大件物品放行手续。

④负责非本大厦人员出入的登记工作。

⑤负责邮件、报刊等的收取记录工作。

⑥巡查所辖区域的治安消防工作。

(8)道闸保安员岗位职责:

①礼貌地指挥进出车辆,收发出入卡,确认后予以放行。

②对进入小区施工的人员，要凭管理处签发的“临时出入卡”确认后予以放行。

③保持治安岗亭周围环境的整洁及设施、标志完好。

④禁止闲杂人员进入小区。

⑤凭管理处签发的“载货车辆放行单”对运载贵重物品或搬家出小区的车辆等，经确认后予以放行。

⑥按规定标准对临时停放的车辆进行收费并出具票据。

⑦负责值班室内各种保安器材、用具的摆放，及室内的卫生工作。

(9)车场值班保安员岗位职责：

①必须遵守国家的有关法律、法规，严格执行公司的各项规章制度。

②车场实行三班24小时轮班制，值班期间不得随意离开岗位。必须做好车场内车辆的进出登记手续和安全保卫工作，防止机动车辆的丢失和损坏。

③车辆进入车场时，值班保安员必须指挥车辆按次序整齐停放，不允许乱停乱放。

④凡是本小区业主的车辆，在车场内停放时必须到办公室办理停车卡手续，到期车辆应及时通知其补办手续。

⑤对于临时停放的车辆，在车辆进入车场时必须做好车辆登记手续，发给“出入卡”，并按规定收取停车费，同时提供统一停车票，车辆离开时须凭此证核对与所登记的车辆相符后方能放行。

⑥凡是在车场内临时停放三天以上的车辆(含三天)，均须到办公室办理停放手续，不允许一次性给票停放，也不能收钱不给票。

⑦值班保安员必须严格执行财务制度，每次只能领取一本停车票，并及时向财务交纳收到的停车费。

⑧值班保安员必须认真填写车场值班记录，做好交接班工作。凡是本班未收费或已收费而未离开的车辆，一定要做好清点移交工作，须将车辆进场时间、收费情况填写清楚，以便接班人员掌握车辆的存放情况。

案例分析

一夜丢了22个井盖，一家丢了13辆自行车

某市有大小宿舍、小区500多个，目前实行社会化物业管理的也就200多个，还有一半左右的小区没有物业公司进行规范的管理。在尚未实行物业管理的小区或宿舍，存在着很多治安问题。最近，某单位宿舍，由于无人看管，一夜间丢了22个井盖。

该宿舍区6号楼的王老先生说起楼前丢失的井盖，一脸的无奈。“前一天晚上还有呢，第二天早上起来一看，都没了……”为避免有人掉进井里，王老先生找了几块砖头，每个井口上放了两块儿。居民王大妈告诉记者，院里老人孩子较多，而且到了晚上，院里还没有路灯，居民们进进出出实在危险。现在，很多家长都不放心孩子自己在院里玩

了。一下子丢了这么多井盖,在这个宿舍还是头一遭,但丢东西在这里却是家常便饭,几乎每家都有过丢失自行车的经历,居民们对入室盗窃也不陌生。甚至,一两个月前,宿舍西院铁栅栏门的一个小门,也被人偷走了。

宿舍两个院门口都有门卫室,但居民说入住20年来,门卫室从来就没有用过。没人看大门,不管什么人都可以随便出入,这其中当然也包括小偷儿。“车子就不能在院里放。”居民白女士说,她外甥把自行车放在楼下,上楼拿了一趟包,下来车子就不见了,当天买了辆新的,晚上放到地下室,第二天早上发现被偷了,“就因为这个,宿舍里的人都不敢买新车子。”“旧车子也一样丢。”另一位居民接过话头说。

“搬来10年,我家一共丢了13辆自行车。”住7号楼的赵女士说,丢车子还是次要的,前年腊月的一天凌晨,一个小偷儿竟然爬进了她三楼的家里,吓得她赶紧装上了铁护网。从居民口中记者得知,遭遇入室盗窃的不仅就赵女士一家,随随便便他们就能说出好几家。

(摘自石家庄新闻网,有改编。)

思考:通过上述案例分析安防队伍建设对物业管理及小区的重要性。

二、物业安防队伍建设

1. 保安员的招聘

安防队伍的组建首先要招聘合格的保安员。只有在招聘过程中把好关,招聘合格的保安员,才能确保他们有效地执行任务。物业服务公司在聘用保安员时应该优先选择优秀退伍军人、党员、团员,他们纪律性强,综合素质高,集体意识好,又好学上进,具备从事物业管理服务的先决条件。

(1)政治标准:有一定的政治觉悟,遵守国家法律、法规,明辨是非,有原则性,自觉维护国家和人民的利益。

(2)心理标准:对从事保安服务工作有荣誉感和较强的责任心;面对保安服务复杂的工作环境,有坚强的自制力和抵御各种诱惑的能力;能适应各种艰苦环境和工作条件;能经得起各种危险和困难的考验。

(3)品行标准:思想端正,品行端庄,有良好的道德素养;有雷厉风行的工作作风,有较强的组织性、纪律性;处事认真、冷静,为人谦虚、谨慎;无违法犯罪记录。

(4)能力标准:有敏锐的观察力和发现问题的能力;有敏捷的思维和判断能力;有独立而迅速解决和处理实际问题的能力,能果断处理突发的紧急事件;在工作中有创新精神和团结协作精神;胆大心细,注重调查研究,有较强的宣传、发动群众的能力。

(5)文化标准:具有初中以上文化程度,有一定的社会知识和经验;对科学文化、法律和各种专业知识有浓厚的学习兴趣,能较快地掌握基本专业知识。

(6)年龄、身体标准:年龄一般应在18~45岁之间;相貌端正,体形匀称,身体强健,反应灵活,动作敏捷,有较强的适应不同环境的能力;男性身高170厘米以上,女性身高160厘米以上;有较好的视力,两眼裸视须达到视力新标准的5.0以上;无残疾,无重听,无口吃。

2. 保安员的培训

(1)岗前培训:岗前培训是指对新招收的保安员上岗前的资格培训。岗前培训,是使受培训者具备保安员的基本素质、专业知识和技能,为上岗执勤打下良好的基础;是确保安全防范服务质量的重要措施;是安防队伍职业化、正规化建设的必要手段。岗前培训的主要内容包括:业务技能、军事素质、仪容仪态、内务卫生及心理素质。

①业务技能:将新员工分到双人岗,让老员工进行一对一的学习指导。另将岗位职责及要求贴于岗位内,供新员工参考。对业主的认识、礼节礼貌等进行全面培训。

②军事素质:立正与稍息、停止间转法、敬礼与礼毕、整理着装、跨立、军姿、齐步及车辆指挥这几项是在安防工作当中需要经常使用的,所以应先对这几项实行重点培训,每星期训练三次,每次培训两到三项内容,时间不宜过长,并利用业余时间进行巩固。

③仪容仪态:仪容仪态的培训着重于语言的规范。因为语言是人们之间交流沟通的重要工具及手段,它可以体现出一个人的思维能力、文化素质和道德品质等内容。所以在培训中必须要求使用文明用语,如"请、您好、谢谢、对不起、再见"。

④内务卫生:下班后整洁干净的生活环境可以缓解疲劳,舒缓心情,因此,对保安员内务的规范也是重要的环节。培养员工视公司为家的观念,可以让员工的工作、生活协调发展。

⑤心理素质:心理素质培训逐渐成为企业培训的一项不可或缺的内容。人的心理是否成熟、是否健康、是否有一定的抗压能力,这也是现在年轻的安防队伍中存在的一个问题。俗话说要想做事先学做人,只有一个心理健康向上的人,才能有好的努力方向,才能经得起诱惑、顶得住压力、吃得苦、耐得住寂寞,才能成为一名合格的保安员。

(2)岗位培训:岗位培训是指对取得上岗资格的保安员在工作过程中进行的提高性培训。

3. 保安员的管理

对保安员的日常管理需要通过工作检查与反馈,定期进行考核,对值得表扬的事迹、行为予以奖励,对违规现象实施惩罚。

(1)建立标准:检查和反馈要按照一定的标准来进行。因此,如何检查、实施都要有可衡量、可比较的标准。一个较好的检查标准通常包括数量标准、质量标准、综合标准和定量标准等。定量标准是指可以量化的标准,例如业主满意率,保安员违法、违纪、事故率等,通常采用数据来反映。另外还有定性标准,是指不可量化的标准,例如公司的规章制度、岗位职责、行为规范等。对不可量化的定性标准,安防主管必须熟练掌握业务知识,确保在判断、评价、考核过程中客观公正,减少个人色彩。

(2)根据已建立的标准开展检查:标准是衡量依据,有了检查和反馈就可以将工作成果与标准进行比较,来衡量管理的成果。安防主管可以通过巡视检查、直接观察、询问等方式获取信息。安防主管应尽力保证取得的信息正确、及时、实用和有效。如果获取的信息失真,就无法对工作作出准确判断;如果是不适用的信息,就无法认定工作结果的好坏。信息和数据是否真实,也可以通过自检或互检等方式来监督。

（3）有效反馈：通过检查，发现实际工作结果与标准存在差异时，应对差异产生的原因进行分析，根据差异产生的不同原因采取不同的处理方法，纠正实际与标准的偏差。

4. 保安员的考核

为加强队伍管理，安防主管必须认真对保安员的政治表现、思想作风、业务水平、工作能力、工作业绩和效率等进行全面考查、审核，并作出客观、全面、正确的评价。

（1）考核的内容：对保安员的考核，着重从德、能、勤、绩四个方面进行：

①在政治思想、工作态度方面，主要看政治觉悟，思想品质，职业道德，职业纪律，工作的主动性、积极性、责任心，在岗表现，协调配合等。

②在业务水平、工作能力方面，运用、分析、解决实际问题的能力，主要看法律知识、专业知识的掌握，紧急情况的应变能力，工作创新能力。

③在工作成绩与效率方面，主要考核完成任务的数量、时效、质量及业主的满意程度，对所担负的安全责任区发生的各类案件事故及不安全因素等，采取何种预防措施，效果如何。

（2）考核的要求：

①对保安员的考核中，应坚持客观、全面、公正、合理的原则，切忌主观片面、感情用事、歪曲事实、是非不分。

②考核的方法要科学合理，可采取定性分析与定量分析相结合，平时考核与定期考核相结合，一般考核与专项考核相结合，分别考核与对比考核相结合等多种方法。

③在具体考核中，应多作具体的逐项分析和测评，广泛听取各部门、业主以及同班组保安员的意见，着重实际表现，既要了解保安员的工作成绩和优点，也要了解其缺点和不足；要多看主流和本质，从大体上作出肯定或否定的结论。

三、物业安全防范制度管理

安防管理制度是物业的“安全法规”，做好物业的安防管理，首先应“有法可依”。物业“安防法规”应在不违背国家的治安管理条例及相关法律法规的前提下，尽可能结合物业实际来制定。物业应建立的管理制度一般包括以下内容。

1. 物业小区安防管理规定

物业的居民及进出物业的所有人员都要严格遵守：

（1）自觉遵守国家的法律、法规，杜绝“黄、赌、毒”及打架斗殴、酗酒闹事等刑事违法犯罪的隐患，一旦出现及时报告公安机关处理。

（2）主动配合公安机关开展小区治安管理工作，落实“五防”要求。

（3）外地人口暂住人员必须遵守本市户籍管理规定，到所在管区派出所办理暂住手续，并备案登记。

（4）对外出租房屋，须有派出所核发的“两证”、“一牌”，并备案登记。

（5）进驻小区的务工人员必须严格遵守国家有关法律法规，并自觉遵守物业管理公司的有关制度规定，自觉维护小区的生活、工作和治安秩序。

（6）在小区内施工或务工人员应持物业管理公司印制的工作证，进出大门时，要自觉接受保安的检查。携物外出时要到保安分队办理携物登记。

(7)提高自防、自救的意识和能力,严防小区内治安刑事案件的发生和火灾隐患,不让犯罪分子有可乘之机。

(8)积极配合保安搞好小区的治安管理工作,发现违规、违法行为或治安隐患敢于举报并协助处理。主动配合保安员加强对小区的管理工作,进出车辆、人员要主动出示证件,服从检查。未经许可,不得在小区内散发、张贴各种广告、传单等。爱护小区内的各种公共设施,不随意动用安防器材及设备。

(9)进出公用单元要随手关闭防盗门,防止陌生人进入。有人来访或服务人员需要进入单元门,必须对外来人的身份进行核实,确认后再开门放其进入,并确认单元门是否关好。

(10)出现治安突发事件应保持冷静,及时报告政府有关部门或所在区域保安。在小区内经商的人员,必须遵守小区的各项规定,不能出现扰民、违法等破坏小区生活秩序的行为和问题,对违反规定者,物业管理公司将报告有关部门进行处理。

2. 物业出入管理办法

(1)物业实行封闭式的保安管理办法(表2-1)。

(2)业主(住户)不得携带易燃、易爆、剧毒或有污染的物品进入物业。

(3)为保证业主(住户)利益,凡租户个人携带较大件手提箱、包装箱等物品出门,须先填写盖有本单位或业主印章的"货物出门证";凡用户搬运家具、办公用具出门前应将有业主签名(盖章)的"搬出物品申请清单"报管理处核实,由保安人员验证方可出门,以有效地保证业主的利益。见表2-2。

(4)物业内严禁进行一切违反治安管理条例和触犯法律的活动。

(5)保安员有权对违反小区管理规定的行为进行检查、纠正;保安员有违纪、违章或无礼刁难住户的现象时,发现者可通过各种方式及时向管理处负责人投诉。

表2-1　　来访(施工)人员出入登记表

来访者姓名	单位(电话)	访问时间	离开时间
被访者姓名	地址(电话)	备注	值班人签字

表2-2　　物品放行登记表

携带人姓名		住址(单位)	
物品名称数量			
业主签名盖章(时间)		值班人签字	

3. 保安员工作制度

(1)提前15分钟集合,不迟到,不早退。

(2)上班期间统一穿制服上岗,衣服保持整洁、平整,不得穿破损、掉扣制服上岗;帽子保持干净,帽徽必须佩戴端正;鞋的颜色要统一,不得穿破损、张口或有污渍的鞋,皮鞋应保持光亮;头发不得过耳。

(3)接班按照队列顺序自东向西进行,先相互敬礼,然后移交物品,交代注意事项。

(4)对来客先敬礼,后询问,询问时必须礼貌用语。

(5)保持工作区域卫生干净,物品摆放整齐。

(6)当班期间坚守岗位,不得脱岗、睡岗,或看报纸等。

(7)爱护通信器材、执勤工具、记录本等物品,不得损坏。

(8)不得以职务之便或直接向客户索要物品、私打客户电话,更不能私拿客户物品。

(9)巡逻人员在执勤时拾到物品或发现没有主人的东西时不得私自处理。

(10)对待工作中的错误能主动接受批评,并积极改正。服从上级领导的指派,并能够努力完成工作任务。

4. 保安奖罚制度

(1)奖励制度:对在工作中见义勇为,敢于同坏人坏事做斗争,成绩显著者;积极协助公安机关抓获违法犯罪分子和侦破案件,成绩突出者;积极参加抢险救灾,保卫业主生命财产安全,成绩显著者;为搞好大厦、小区的安全保卫工作积极出谋划策,所提的合理化建议实行后效果明显者;拾金不昧者;年终被评为"先进个人者"等给予精神和物质奖励。

(2)惩罚制度:对在工作中未经公司允许私自进入其他单位者;对工作中的错误,不能接受批评者;当班期间做与工作无关之事者;不服从管理或无任何理由不工作、消极怠工者;对业主或同事进行威胁、恐吓或出言不逊者;私拿客户物品或向客户索要物品者;在值勤期间损坏辖区设施或值勤用具者;旷工或因事、因病缺勤未先请假者;未参加训练或训练迟到者;未经领班允许,擅自换岗、换班者;随意涂改交接班记录者;因自身工作原因造成业主或同事财物损失者;偷窃或骗取公司同事、业主财物者;不按规定到达指定地点巡逻者;不按规定进行来客登记、验证,私自允许买卖、推销、收旧物等闲杂人员进入辖区者;对进入小区车辆不按制度检查通行证者;对物品出门不主动收取出门证者;对工作区域卫生不干净就进行接班者;可以按照公司奖罚标准进行惩罚。

思考练习

一、填空题

1. 根据物业服务工作的要求,物业管理公司通常可以设置________来负责物业的安全管理。
2. 保安员的招聘应符合________、________、________、________、________、________六个方面的要求。
3. 保安员岗前培训的主要内容包括:________、________、________、________、________。
4. 对保安员的日常管理需要通过工作检查与反馈,一个较好的检查标准通常包括:

________、________、________、________。

5. 对保安员考核，着重从________、________、________、________四个方面进行。

二、选择题

1. 对安保人员服务态度及要求下列说法不正确的是(   )。

A. 礼貌待人、说话和气、微笑服务

B. 主动、热情、耐心、周到为业主服务

C. 接到住户报警，不超过两分钟赶到现场并报告

D. 心情不好可以不理会业主的咨询

2. 关于保安员的职责下列说法不正确的是(   )。

A. 上岗必须身穿制服，佩戴装备，严整仪容

B. 认真检查设备设施，发现不安全因素立即查明情况，排除险情并及时报告

C. 爱护设施设备、公共财物

D. 遇到紧急突发事件时可以自己先逃生

3. 下列不属于保安经理职责的是(   )。

A. 应对整个物业范围内的安全负有组织领导的具体责任

B. 24 小时保持与各保安班的通信联系

C. 重大事件、事故亲自组织调查、处理

D. 督导下级管理人员的工作

三、简答题

1. 对安保人员检验标准中的仪容仪表要求是什么？

2. 保安部的主要职责是什么？

四、案例分析题

某小区保安人员在晚上巡逻时，发现小区大门内侧路边躺着一名醉酒呕吐后昏睡的人员，经查该醉汉身上没有任何证件，本人意识不清，身份不明，由于天气比较寒冷，于是，将该人背到保安室内床铺上安排睡觉，想等他醒酒后问明情况送走，后这名人员因饮酒过度导致昏睡不醒达一整天。

思考：

1. 这种情况应如何处理？

2. 该物业管理人员的这种处理方法是否妥当？

学习任务3 物业安防门卫管理

任务概述

本任务的主要内容是公共安全防范中的门卫管理。门卫是指大门或门口的守卫,门卫管理包括门卫的主要任务、以"四要"为核心的基本要求、门卫的岗哨设置及管理注意事项等内容。门卫的主要任务是对出入大门的人员进行验证,对车辆和物资进行查问,对车辆和行人进行疏导以及提高安全防范能力。门卫管理的基本要求体现在执行制度要严格,查验人、物要细致,处理问题要灵活,上岗执勤要文明。要合理设置门卫岗哨,掌握门卫管理中的注意事项,切实做好所服务小区出入口的安全防范工作。

任务目标

- 学会门卫管理的具体工作任务
- 能遵循门卫管理的基本要求
- 学会根据小区情况设置门卫岗哨
- 能具体应用门卫管理工作中的注意事项

学习内容

门卫是指大门或门口的守卫。门卫服务是指依据国家法律和客户单位的内部规章制度,对指定的大门或门口履行职责,严格把守,对进出的车辆、人员、物品等进行检查、验证和登记的一系列工作过程,以维护物业辖区内部治安秩序,保障业主及其财产安全的一种安防业务活动。

一、门卫管理的主要任务

门卫管理的主要任务包括:依据国家的有关法律、法规、政策和客户单位的相关规章制度,对出入大门的人员、车辆、物资进行严格的检查、验证和登记,防止不法分子进入保安区域,防止物资丢失,防止私自将危险物品带入内部,防止失密、窃密情况发生,以维护辖区内的治安秩序,保证其人、财、物的安全。具体任务有以下方面:

1. 对出入大门人员进行验证

查验出入人员的身份和证件,严格履行登记手续,是保安门卫的重要职责和任务。对进出人员加强管理,主要是要求凭有效证件出入,不准无关人员随便进入。

(1)业主出入凭管理处核发的IC卡或门卡,外包工、基建工、临时工凭临时出入证进入。对于门卡的发放与管理要登记好(表2-3、2-4)。

表 2－3　　出入证(临时)申请表

单元：　　　　申请人姓名：

申请理由：

申请人登记表

编号	姓名	地址	联系电话
1			
2			
3			
4			
5			

表 2－4　　小区外来人员“临时出入证”样本　　编号：____________

<table>
<tr><td>姓名</td><td></td><td>工种</td><td></td><td rowspan="2">照片</td></tr>
<tr><td>施工单位</td><td colspan="3"></td></tr>
<tr><td>装修住户地址</td><td colspan="3"></td><td rowspan="2">物业管理处签章</td></tr>
<tr><td>有效期</td><td colspan="3">年　　月　　日至　　年　　月　　日</td></tr>
</table>

发证日期：________年____月____日

(2)外来人员来访进入时，要依照规定办理登记手续，认真填写“小区来访人员登记表”(表 2－5)，方可入内。

表 2－5　　小区来访人员登记表

日期	来访人姓名	性别	所持证件类别	证件号码	事由	人数	进入时间	被访人住址	记录人签字

(3)部分客户单位工作时间不能会客，如有特殊情况，须经批准后，在接待室会客。

(4)重要客户单位禁止员工随意带亲友等无关人员进出。

(5)无有效证件、不履行登记手续或经确认其无进入必要的,保安门卫应禁止其入内。

(6)保安门卫要保持高度的责任感,严防有人利用过期的、伪造的或者窃取的出入证混入内部作案。

2. 对进出大门的车辆、物资进行查问

(1)检验目的:对进出大门的人员和车辆所携带、装运的物品、物资进行严格的检验、核查,其目的主要是为了:

①防止私自携带危险物品进入。危险物品具有放射性、爆炸性、易燃性、腐蚀性和窒息性等特殊性能,威力大,作用快,破坏能力强,可能导致严重的后果,威胁到业主的人身和财产安全。同时,危险物品又有一个显著的特点,即容易受外力作用的影响。许多危险物品,尤其是易燃、易爆的化学物品,极容易受到外力的影响,具有明显的不稳定性,遇到适当的温度可挥发,遇到潮湿的环境可分解,遇到火、电、碰击、摩擦可燃烧、爆炸,所以极容易造成事故。血的教训证明,不管私自带入危险物品是否有破坏动机,都将给业主的人身和财产安全构成威胁,甚至会带来毁灭性的灾难。因此,保安门卫要严禁携带危险品者入内。

②防止将违禁品夹带入内。违禁物品同样也会给内部治安构成危害,因此,门卫应将违禁物品拒之门外。

③防止将单位的财物夹带出门。如果不对进入人员和车辆所携带、装运的物品、物资进行检查,那么有些人出门时若将业主的物品夹带在内也难以被发现。因此,只有对进入时的物品进行登记,其出门时物品自然应与进入时相符;若出门时物品比原来增多了,那就有待于调查了。

(2)检验要求:

①对出入物品要实行严格把关,重点要做好物资、器材出门一律凭出门证、放行条,危险品进门要有许可证。

②保安门卫严格执行物资出入检查制度。机动车辆经过门卫,应主动停车接受检查;外来机动车辆要登记车号、事由、装运物品等情况后才能进入;自行车经过门卫要下车推行。

③外来人员携带物品入内要填写清单,出门时应主动接受检查,经查对无误时方可放行。

④对于工业区的物业,凡汽车来提货或送货的,应上车检查,并在提货单或送货单上写明提、送货单位和车辆牌号;根据出入物资清单上注明的品名、规格,进行认真的检验、核查,发现证物不符的应进行拦阻,直到弄清情况、手续齐备后方可放行。对于无许可证的危险物品应拒之门外;对于无出门证的物资要坚决堵截,并将车辆牌号登记,报保卫部门查处。

⑤需携带办公用品、家电、家具和电脑设备等大件物品出门时,应到保安值班室填写“物资搬运放行条”(表2-6),经业主签字,并经门岗保安员验证、核对物品名称、数量准

确无误后，方可放行。

表 2－6　　　　　　　　　　　物资搬运放行条

<table>
<tr><td colspan="2">业主姓名</td><td></td><td colspan="2" rowspan="2">搬离原因</td><td colspan="3" rowspan="2">□装修完成□承租期满
□另行居住□其他</td></tr>
<tr><td colspan="2">业主房号</td><td></td></tr>
<tr><td colspan="2">搬运日期</td><td></td><td colspan="3">证件号码</td><td colspan="2">房屋性质</td></tr>
<tr><td colspan="2">申办人</td><td></td><td colspan="3"></td><td>□租用</td><td>□自用</td></tr>
<tr><td>序号</td><td colspan="2">物品名称</td><td>数量</td><td colspan="2">规格、型号</td><td colspan="2">备注</td></tr>
<tr><td></td><td colspan="2"></td><td></td><td colspan="2"></td><td colspan="2"></td></tr>
<tr><td></td><td colspan="2"></td><td></td><td colspan="2"></td><td colspan="2"></td></tr>
<tr><td colspan="8">搬运车辆资料</td></tr>
<tr><td colspan="2">车牌号码</td><td></td><td colspan="2">车型</td><td></td><td>颜色</td><td></td></tr>
<tr><td colspan="2">司机驾驶证号</td><td></td><td colspan="2">档案编号</td><td></td><td></td><td></td></tr>
<tr><td colspan="2">发证机关</td><td></td><td colspan="2">其他证号</td><td></td><td>保安员</td><td></td></tr>
<tr><td colspan="2">备注</td><td colspan="6"></td></tr>
</table>

3. 进出车辆和行人的疏导工作

保安门卫疏导交通的一项重要工作是进行交通指挥，防止车辆和行人抢道，保证通行畅通有序；另一项重要工作是清理门卫责任区内的障碍和劝离无关人员。小区的进出口一般较宽阔，因此会出现占用道路摆摊设点、停放车辆、堆物作业、搭棚盖房等情况发生，还有的进行集市贸易，举行临时聚会和其他妨碍交通的活动；有的临时在门口施工、维护公用设施。所以保安门卫要及时清理门口障碍，劝阻无关人员离开，以免妨碍人员、车辆的出入。

4. 提高安全防范能力

保安门卫还应起到辅助公安机关维护社会治安秩序的作用。发现可疑人和事，尤其是发现犯罪线索时要及时报告公安保卫部门，并主动配合他们的工作，以便采取相应措施妥善处理。

二、门卫管理的基本要求

门卫服务的基本要求，可以概括为“四要”：执行制度要严格，查验人、物要细致，处理问题要灵活，上岗执勤要文明。

1. 执行制度要严格

门卫制度是为了维护物业区域内部治安秩序稳定，防止业主人身和财产遭受损失，保障生产、工作顺利进行，而制定、实施并要求人们共同遵守的关于人员和物资进出大门的规程和准则。保安门卫要及时做好制度的宣传解释工作，以取得业主的理解和支持，以便更好地开展工作。保安员在严格执行门卫制度的同时，自己要带头遵守制度，不准随便带人出入，更不得带领他人进入机要部位；不得徇私情使物资无证出入；不得向他人泄露业主等的信息，以及房屋建筑、重要设备、安全措施、保安方案等内部事项；不得包庇、放纵违法犯罪人员，更不允许同犯罪行为人互相勾结，共同犯罪。

2. 查验人、物要细致

查验人、物要细致，是指在查验出入证件与核对进出车辆、物资和人员所携带的物品时要认真负责、仔细观察，不要忽视任何可能的细节和蛛丝马迹，要善于对人和物进行观察。

（1）查验的方法：

①对人的观察。对人的观察要注意从衣着打扮、动作表情上发现疑点，如衣着打扮是否正常，衣服大小是否合身，有无冷天穿衣少、热天穿衣多，有无脏衣不脱，有无下雨天戴墨镜、大热天戴大口罩等现象；动作上是否有行动诡秘、左顾右盼，围着某个要害重点目标转，神色慌张等表现；尤其要注意人的头部、面部、手部及其他裸露部分是否有抓伤、咬伤和锐器刺伤、割伤或钝器击伤等伤痕。

②对物的观察。对物的观察要注意从携带物品的名称、型号、形状、色彩、气味、体积、包装等情况中发现异常。

③对车辆的检查。对车辆的检查要特别注意观察驾驶员的神态有无反常现象，如过于热情地递烟、大方地赠送小纪念品，有否企图乘保安员不备突然闯进闯出、逃避检查等。

特别提示

门卫在对出入的人、物、车辆的观察中，还应有重点地记住其特征，如身高、体型、相貌（如三角眼、长脸、浓眉等）、衣着、行走坐立的姿势（如跛子、罗圈腿等），携带的物品，车辆的颜色、车型、牌号等，以便为以后需要调查或围追堵截时提供方便。

（2）检验的步骤：

①通过观察发现可疑的人和物。

②对可疑的人和物坚决追查到底。在值勤过程中，保安员要对可疑人员的姓名、年龄、籍贯、身份证件、来去方向、活动时间、携带物品等情况全面仔细询问，并在盘问中捕捉其疑点。例如，说话的方言口音与其自报的籍贯不符；身份证件有涂改、伪造的痕迹；衣着打扮与其自述身份不符；携带钱物票证的数量与其表述相矛盾，等等。对于一些回答问题支支吾吾、前后矛盾、漏洞百出或行为反常、举止可疑的更要特别加以注意。

③对可疑的人和物品进行必要的检查，注意检查是否带有违禁物品。发现单、物不符的，要扣留必要物品作为证据，必要时可暂扣车辆；若有确凿证据表明有犯罪嫌疑的，应当将犯罪嫌疑人扭送到公安机关审查。

3. 处理问题要灵活

保安门卫所处的位置很重要，是出入物业区域必经之处，人员流动量大，车辆进出频繁，物资进出量也很大，因此，保安员会碰到各种人和事，问题纷繁复杂。这样导致处理不同问题的方法就不可能千篇一律，否则就会遇到许多困难。所以，保安门卫在值勤工作中对具体问题要灵活处理。

处理问题要灵活是指处理问题要随机应变，把原则性问题和非原则性问题区分开来，然后针对不同性质的问题采取不同的处理方法，以便及时妥善地处理问题。

(1)原则性问题:对于原则性问题必须严格把关,坚持原则,不能有丝毫让步,不能睁一只眼闭一只眼,如物资出门无放行条,无关人员无出入证随意出入,外来访客不履行来客登记手续等,这些行为不符合门卫制度,如果任其蔓延,那么制度就会变成一纸空文,这将会对保安管辖区域造成重大隐患,威胁业主的安全。

(2)非原则性问题:对于非原则性问题则可以灵活处理,不能过于拘泥,不必太计较,不宜过多纠缠,否则越理越不顺,越论越不清,以致浪费时间,花费许多不必要的精力,影响了对原则性问题的处理。

4. 上岗执勤要文明

保安门卫既是反映物业区域精神文明程度的窗口,也是反映管理服务质量和服务水平的窗口,因此,保安员要注意文明执勤。

(1)执勤时必须规范着装,注意风纪,做到服装整洁、仪表端庄、精神饱满、态度和蔼、礼貌待人、办事公道、坚持原则、以理服人、尽职尽责、热忱服务;不准擅离职守,不准闲聊打闹,不准酗酒吸烟、不准私自会客;严禁刁难人、打骂人、欺压人,严禁粗暴无礼,不准有侮辱人格的行为发生。

(2)清理服务忌语,推广文明用语。保安门卫推广文明用语的第一步是划定"执勤忌语"的范围,如"听没听见,拿证件出来""给老子把车子开到后面掉头""老头儿,你是不是眼瞎了,耳聋了""不准进就不准进"等。划定"执勤忌语"有助于督促、检查、批评、处罚,建立规范执勤用语和处罚的依据和标准。第二步是规范保安门卫执勤工作文明用语,如当来访人员携带提包出入单位需要检查时,应说"先生/小姐,履行规定,麻烦您打开提包检查",检查完毕应说"谢谢合作"。保安用语规范化可以使保安员有章可循,这是推广文明用语的前提条件和主要工序。第三步是保安执勤用语的督导、检查。

三、门卫管理的岗位设置

进出口门卫岗位是指守卫人员执行大门守卫任务和对守卫责任区进行安全管理时的执勤处所。进出口门卫岗位的选定对于执勤守卫人员的人身安全、门卫守护任务的完成以及对于整个守卫责任区的安全管理都有重要影响。进出口门卫岗位的选定应遵循以下原则:

1. 有利于门卫岗哨对责任区的观察和控制

门卫岗哨的位置要能够清晰地观察到责任区的人流、物流(包括车流)的状况,并且能够实施有效的出入控制。因此,门卫岗位要设在至少易于观察前、左、右三个方向,视线无遮挡,视野开阔,明显、突出的较高位置。

2. 有利于门卫岗哨的安全

大门口人来人往,川流不息,情况复杂,在门口执勤的门卫岗哨如果位置设置不当,很容易被往来车辆碰撞、擦伤,同时,还容易遭到袭击。因此,门卫岗位设置的位置要考虑防止上述的事情发生。通常的做法是:或居两侧,或立中间,因简而静,因繁而动。

(1)居两侧,是指平时门卫岗位宜在大门口两侧设置。

(2)立中间,是指在上下班等人流进出高峰期,门卫岗哨需要指挥、疏导密集的人群、车辆,岗位设在门口中间线,自然地形成了上下进出通道,能方便人群、车辆的进出,不容易发生碰撞、擦伤等事故。

（3）因简而静，是指人流、物流高峰期过后或夜深人静的时候，门卫岗哨应保持安静状态，主要靠看、听、闻等感觉器官感知周围的情况变化，并准备随时作出紧急应对。

（4）因繁而动，是指大门口及周围出现异常情况时，如人群聚集、发生哄闹等，门卫岗哨应立即向保卫部门报告，同时还应面向出事的方向前移，随时准备根据保卫部门的指令或既定的方法进行处置，并做好防卫准备。

3. 有利于门卫岗哨迅速出动，及时处理各种问题

岗位的设置使执勤的保安员一方面能够通过快速验证，指挥、疏导人员、车辆及时进出；另一方面，还要有效地阻止无关的人员、车辆进入。对满载出去的车辆，要有专人负责货单的对照检查。因此，货物进出数量大、车次频繁的单位，在车辆进出高峰期应当加派门卫岗哨，加强对车辆和货物的检查。必要时，还可在大门内一定距离设置预检岗哨，这样能有效防止内部盗窃和物资外流等情况的发生。

4. 有利于出入大门的人员、车辆快速通过

大型物业每天上下班、上下课的高峰期，出入大门的流量大大增加，在验证、疏导方面稍有停滞就会形成门前拥堵。因此，门卫岗位的设置，既要控制人员、车辆出入，又要方便人员、车辆出入，防止出现拥堵情况的发生，还要注意那些乘机混入的人员、车辆。此时，要采取集中力量进行人员、车辆的疏导，在大门口分设验证岗哨、疏导交通岗哨和观察可疑动态岗哨等，虽均属门卫岗哨性质，但也有分工合作。总的来说，门卫岗位的设置要根据物业性质、人员多少、物资流动状况和运作规律等情况以及保安员数量而定。

四、门卫管理的注意事项

1. 熟悉物业区域内业主的工作、生产运作的特点、车辆活动状况

业主出入大门时，保安员应有礼貌地举手行礼并抬手示意放行或微笑示意放行，这样既有利于机动灵活地执勤，将主要注意力放在那些陌生的人员、车辆、物品上面；同时，又可以预知什么时间是人员或物品、车辆进出高峰期，适当调整勤务，把主要力量放在重点时间、重点部位和重点人员方面。

2. 举止文明，礼貌执勤

门卫验证是一项涉及所有进出物业区域大门或重要部位门口的人员、物品、车辆的琐碎而重要的工作，稍有不慎，就会引起对方反感，甚至因此而产生纠纷。因此，执勤的保安员应当准确地掌握验证、检查等动作，做到既能迅速、敏锐地查验证件，又能从容、得体地使被验者接受检查。

（1）接过对方的证件时，应该手心向上，礼貌地接过来，切不可手背向上伸手去抓或侧向夺取。

（2）验证时，凡是证件上有照片的，一要核对照片与持证者的相貌是否相符；二要看压照片的钢印、公章是否清晰无误；三要观察持证者面部表情是否慌乱。

（3）如验证无误，应礼貌地抬手示意放行或颔首微笑示意放行。

3. 做好门卫换岗交接班工作

门卫换岗交接的内容一般包括执勤情况、注意问题和待办事项。

（1）换岗交接的方法：根据门卫勤务的性质、特点和周围环境、交接时间，可分为同向

交接、异向交接和侧向交接三种：

①同向交接，即交接班的保安员面向同一方向并肩站立进行交接，常用于执勤环境较好，门前没有杂乱的人、车、物等情况的一般门卫勤务。

②异向交接，即交接班的保安员相距 1 ~2 米相对站立进行交接，常用于情况比较复杂或夜间的门卫勤务。特殊情况下，或因地形条件所限，也可并肩而立或者背靠背站立交接。

③侧向交接，即交接班的保安员在距离 1 米以上，面向内侧站立，或成 90°角站立进行交接，常用于白天门卫勤务。

第①、第③门卫勤务的换岗交接，能很好地展现保安员的风采和精神状态。因此，交接班双方在举止动作、行为语言上要规范、准确。

(2)换岗交接的注意事项：

①说话口齿要清，声音要小，以让对方听清为宜。

②交接清楚，接班的对没听清楚或没有弄懂的问题要向交班的问明白，必要时让对方复述一遍。

③提高警惕，交接过程中严密监视周围情况，发现问题立即停止交接，以交班人为主进行处置。

④交接后双方互换位置，交班的向接班的敬礼，接班的还礼后，开始履行职责，交班的即可下岗。

拓展提高

保安执勤文明用语与禁忌语

提高服务质量和保安员文明执勤的自觉性，规范员工行为，是促进队伍素质提高的根本保证，在实际工作中，要提倡文明用语，避免使用禁忌用语或有不礼貌的行为。

1. 接电话

文明用语：您好，请讲； × ×不在，有事我帮您转告。

禁忌用语：喂，找哪个；人不在，快点讲。

2. 接到语言粗鲁、不礼貌、无休止纠缠的电话

文明用语：请不要讲粗话，注意文明礼貌；我们这里很忙，请不要妨碍我们的工作。

禁忌行为：用粗语、脏话进行攻击。

3. 接待外人来客户单位找人

文明用语：请稍等，请问您找谁，我帮您找；对不起，我们有规定，执勤中不准代转(存)物品，请您另想办法。

禁忌用语：干什么事？找哪个？你是什么人？找他干什么？不在，不知道。

4. 接待人员或车辆进出客户单位

文明用语：先生/小姐，请留步；请出示证件；请停车验证；谢谢合作。

禁忌行为：没有证件不让进，没有商量余地。

5. 遇到客户单位工作人员没带证件

文明用语：先生/小姐，请您以后注意，下次别忘记带证件，希望您自觉遵守门卫制度。

禁忌用语：单位制度你不知道吗？

6. 与客户单位领导或职工打招呼

文明用语：您早；您好；节日好；请进；再见；您慢走。

禁忌行为：不理不睬，只点头，不招呼。

7. 遇到有人携带物品出物业区域产生怀疑

文明用语：先生/小姐，请留步，您的包里带的是什么？能打开看看吗？对不起，耽误了您的时间，谢谢您协助我们的工作。

禁忌用语：把包打开，我们要检查。

8. 遇到群众问路

文明用语：请就近坐××路公交车；这儿我不熟，我来帮您问一下。

禁忌用语：不知道，问别人去。

9. 接到群众或客户单位职工紧急求助电话

文明用语：请您不要着急，我们马上来帮助您；我们马上联系有关部门帮您解决。

禁忌用语：这事不归我们管；我们忙得很，又不是只为你一个人服务。

10. 遇到群众或客户单位职工对某事的办理或处理不理解

文明用语：您对某事处理有意见，可直接向单位领导反映，或我们代您反映。

禁忌用语：这件事不属我管，你想到哪儿去告就到哪儿去。

11. 执勤中接待多名群众

文明用语：对不起，请稍等，我马上给您办。

禁忌用语：没看到我忙啊；急什么；等着。

12. 接待处理纠纷

文明用语：请冷静一点，有话好好说，不要争吵。

禁忌用语：吵什么！要吵到外面吵，吵完再处理。

13. 接到报警

文明用语：请您慢慢讲，把情况（经过）讲清楚，我们马上到现场。

禁忌用语：现在才来，你早干什么的！我也没办法。

14. 接报不属于管辖范围的事项

文明用语：请您不要急，我们负责帮您联系。

禁忌用语：这个不归我管，你到××地方去。

15. 协助交警维护交通

文明用语：先生/小姐，您违章了，请接受交警处理。

禁忌用语：喂，你眼睛长哪儿啦，红灯看不见？

思考练习

一、填空题

1. 门卫管理的具体任务包括________、________、________、________。

2. 门卫管理的基本要求,可以概括为“四要”:________、________、________、________。
3. 门卫换岗交接的内容,一般包括 ________、________、________。
4. ________是指守卫人员执行大门守卫任务和对守卫责任区进行安全管理时的执勤处所。
5. 换岗交接的方法,根据门卫勤务的性质、特点和周围环境、交接时间,可分为________、________、________三种

二、选择题

1. 门卫管理中关于对出入大门人员进行验证的表述中错误的是(　　)。
   A. 业主出入凭管理处核发的IC卡或门卡,外包工、基建工、临时工可借业主的相关证件进入
   B. 重要客户单位禁止员工随意带亲友等无关人员进出
   C. 严防有人利用过期的、伪造的或者窃取的出入证混入内部作案
   D. 无有效证件、不履行登记手续或经确认其无进入必要的,保安门卫应禁止其入内
2. 下列不属于禁止出入小区携带的物资的是(　　)。
   A. 易燃、易爆的化学物品　　B. 私人的物品
   C. 违禁品　　D. 单位的财物
3. 进出口门卫岗位的选定应遵循的原则不包括(　　)。
   A. 利于门卫岗哨对责任区的观察和控制
   B. 利于单方面保障业主的安全
   C. 利于门卫岗哨迅速出动,及时处理各种问题
   D. 利于出入大门的人员、车辆快速通过
4. 关于门卫验证时的注意事项表述有误的是(　　)。
   A. 接对方的证件时,可伸手去抓或侧向夺取
   B. 验证时,凡是证件上有照片的,要核对照片与持证者的相貌是否相符,还要看压照片的钢印、公章是否清晰无误
   C. 验证时,凡是证件上有照片的,要观察持证者面部表情是否慌乱
   D. 如验证无误,应礼貌地抬手示意放行或颔首微笑示意放行
5. 门卫换岗交接的注意事项不包括(　　)。
   A. 说话口齿要清,声音要大,以让对方听清为宜
   B. 交接清楚,接班的对没听清楚或没有弄懂的问题要向交班的问明白,必要时让对方复述一遍
   C. 提高警惕,交接过程中严密监视周围情况,发现问题立即停止交接,以交班人为主进行处置
   D. 交接后双方互换位置,交班的向接班的敬礼,接班的还礼后,开始履行职责,交班的即可下岗

三、简答题

在门卫管理过程中,应注意哪些问题?

学习任务4 物业安防巡逻管理

任务概述

本任务的主要内容是公共安全防范中的巡逻管理。巡逻是指安防人员为发现、制止各种不良违规行为而进行的巡视、检查、警戒等系列活动。巡逻管理具体包括巡逻服务的特点、任务、方式、要求及漏巡的防止等。巡逻服务具有不确定因素多、方式灵活机动、偶然性与必然性共存、巡逻效果与巡逻人员责任心成正比等特点,决定了巡逻任务的复杂性,包括物业区域内正常的治安秩序、重点目标的安全、协助制止和打击违法犯罪活动等多方面的任务。这就要求我们注意采取合适的巡逻方式,遵照巡逻管理的基本要求,防止巡逻过程中失误和漏检的发生。

任务目标

- 能掌握巡逻管理的特点,培养对预发事件的敏感度
- 理解巡逻管理的总任务,学会巡逻服务的具体任务
- 学会采取合适的巡逻方式开展巡逻任务
- 能按照巡逻管理的基本要求进行巡逻
- 能尽量避免巡逻中失误和漏检的发生

学习内容

安防巡逻管理,是保安员在物业区域范围内,为发现、制止各种不良违规行为,消除辖区内的安全隐患,维护正常的工作和生活秩序,而进行的巡视、检查、警戒等系列活动的总称。

一、巡逻管理的特点

1. 不确定因素多

保安巡逻在一定范围内进行,不确定因素多,随时可能有突发事件发生,而在什么时间、什么地方发生什么情况,又是难以准确预料的。

2. 巡逻效果与巡逻人员责任心成正比

巡逻无论从防范的角度,还是从同违法犯罪行为做斗争的角度看,都是一种主动行为。在巡逻中,保安员保持积极认真的态度,工作细致,责任心强,就能减少各种情况发

生的可能性；反之，以消极马虎的态度去敷衍塞责，有许多问题就发现不了，留下了隐患。

3. 偶然性与必然性共存

有些事情的发生具有偶然性，如在小区中发生的偷窃，保安巡逻恰好路过这里，从事件的发生到保安巡逻的发现，均有很大的偶然性。想减少盲目性，就应根据掌握的情况、治安动向，有针对性、有重点地对某些部位、地段进行巡逻，减少事故发生的机会，从而显示出它的必然性。

4. 方式灵活、机动

在规定的范围内，保安巡逻可以根据治安动向、刑事犯罪活动的特点和规律，在时间、空间、方式和方法上根据情况安排巡逻任务，巡逻时不要受太多条条框框的限制，目的是为了收到最佳的巡逻效果。

二、巡逻管理的任务

巡逻管理的主要任务是有效地防止物业区域内各种案件、事故的发生，依法同各种违法犯罪行为做斗争，维护正常的工作和生活秩序，维护物业区域的安全。其具体任务如下：

1. 物业区域内正常的治安秩序

保安巡逻的主要任务之一是维护物业区域内的正常治安秩序。执行时应注意：

(1)巡逻时发现四处游荡的闲杂人员，要及时查询清楚，了解情况，尤其是对于拉帮结派的闲杂人员更要认真对待，并及时进行清理。

(2)对于打架斗殴或聚众闹事的人员，要及时劝阻、制止。

(3)发现有人在辖区内无理取闹，影响正常秩序时，应予以劝阻，以维护正常秩序。

(4)对于私自进入物业区域的摊贩，要按相关规定加以清理。

(5)夜间巡逻时，对于重点区域，如楼道，应认真巡查，对于可疑的人或事要查明情况，及时处理，以防发生事故。

2. 保护物业区域内重点目标的安全

保护物业区域内重点目标的安全，是保安巡逻业务的具体任务之一。因此，执行巡逻任务的保安员，在巡逻过程中要加强区域内重点目标的保护，以确保物业区域内重点目标的安全。不同的物业，巡逻重点目标也不相同，一般来说，如汽油库、危险物品库、金库、财务室、变电室、操作中心、实验室、露天货场堆放的重要物资、停有豪华汽车的停车场等属于重点目标。保护物业区域内重点目标的安全，执行中应注意以下几点：

(1)科学安排巡逻间隔时间，尤其是夜间，应尽量缩小巡逻的间隔时间，以便对重点目标实行有效控制。

(2)科学安排巡逻路线，应把重点目标作为巡逻的必经路线，以便随时巡查。

(3)科学配置巡逻力量，在巡逻时，对重点目标要加大巡逻力量，必要时可采取双组交叉巡逻的方法，使重点目标时刻处于保安员巡逻的视线之内。

3. 及时发现事故苗头，预防灾害事故发生

灾害事故分为人为灾害事故和自然灾害事故两种。人为灾害事故是指因为人们的主观过失，违反纪律或安全规定而造成的灾害事故，主要包括爆炸、火灾等事故。自然灾害事故是指自然条件突然变化所引起的事故，如常见的水灾、火灾等事故。保安巡逻过程中，保安员对控制区域内可能引发治安灾害事故的各种隐患、漏洞和征兆等，要及时发现并采取相应措施，消除隐患。例如：

(1)在举办大型文体娱乐活动的场所，人群流量高度密集的进场、退场期间，要积极宣传疏导，防止拥挤推搡致使挤死、挤伤人的事故发生。

(2)在物业区域内部和周边交通干线机动车辆往来频繁，与非机动车辆、行人混杂行驶期间，应加强分道行驶和互相礼让等疏导指挥工作，消除超速与抢行等不安全因素，防止交通事故发生。

(3)在工程施工现场、重要仓库、易燃品集中地和高层建筑的楼梯、门口等主要通道，重点应检查消防器材设备是否完备，安全照明是否有效，电线与电气设备有无漏电、断线、产生火花，现场施工是否有违章使用明火或使用明火与使用易燃品同步作业等现象，一经发现应立即报告，并及时消除。

案　例

一天晚上，某起重机厂保安班长彭军带领队员朱清、罗骏在厂区巡逻，突然发现位于厂对面的机床电器厂火光冲天。他们迅速跑到现场，一边告知门卫赶快报警，一边查看火情，发现是电器着火引起。彭军果断切断电源。在离火区不到一米的地方堆放着十几个高压氧气瓶，随时都有爆炸的可能。班长彭军不顾个人安危，毅然抱起滚烫的氧气瓶离开火区。保安人员罗骏、朱清立即抄起灭火器冲向火区。5桶灭火器用完了，火势还未扑灭，他们又迅速找来脸盆、水桶装水浇。等消防队员赶到时，大火已被扑灭。由于保安队员处置火灾的方法得当，消除了火区氧气瓶爆炸的可能性，及时消除了火险，避免了更大的危害。

4. 及时发现各种嫌疑情况，协助制止和打击违法犯罪活动

保安员在执行巡逻任务过程中，对可能影响或危及巡逻区域及重点目标安全的各种嫌疑情况，应及时发现，严格控制，果断处置，以确保巡逻区域内的治安秩序和业主及财产的安全。巡逻中需要及时发现的问题主要包括：

(1)形迹可疑的人：对于擅自进入巡逻区域内的不明身份的人员，尤其是夜间进入巡逻区域内的人员，保安员要进行必要的盘查，以查明其身份、进入巡逻区域的原因和方法等。凡是擅自进入的闲杂人员，应及时要求其离开。对形迹可疑的人员，应报告有关部门进行审查。对于行为鬼祟或在窥视重点目标的人员，要提高警惕，密切监视，发现其有不轨行为时，应采取果断措施，制止违法犯罪行为。对嫌疑人要严格控制，并及时报告公安机关，协助公安机关打击违法犯罪活动，维护治安秩序。

(2)可疑的物品：保安员在巡逻时应细心观察，认真巡查，对于突然出现的不明物体

或异常物品要及时查明有无危害性并查清其来路。对于有危害性或破坏性的物品要及时清理,对于犯罪嫌疑人放置的作案工具要及时报告有关部门处理。

(3)可疑的现象:保安员在巡逻过程中要善于发现异常现象和异常事物。如:重点目标本身或周围的某些变化,应锁闭却被开启的门窗、夜间突然断电、有不正常的声响、围墙或隔离网的损坏等各种异常现象都要及时发现,密切关注,并查明原因,及时处理,使违法犯罪者无机可乘。需注意的是,各种异常现象的存在或出现并不很明显,有些还很隐蔽,因此,保安员必须以高度负责的态度,细心观察,认真对比,综合分析,及时发现各种异常现象,防止各种违法犯罪行为发生。

案 例

两名保安员在某住宅小区巡逻时,发现一名男子攀上二楼住户的阳台,跃入室内,顿觉可疑。于是,他们来到该住户门口,敲门询问。该男子开门后声称是该住户的主人,由于未带钥匙,所以翻窗进入室内。当保安员让其提供住户主人的证据时,该男子不能自圆其说。经调查,此人是一名专门从事越窗盗窃的惯犯。

5. 加强对灾害事故现场和犯罪现场的保护

在保安巡逻区域内,如果发生灾害事故或犯罪案件,保安员有责任、有义务做好现场保护工作。

(1)对于爆炸、火灾等灾害事故现场,保安员一方面要积极灭火救灾,抢救伤亡人员和财产,使灾害造成的损失降到最低限度;另一方面,要在抢险救灾的同时注意保护现场,尽量使现场不被破坏,为查明原因、分清责任创造条件。

(2)保安员在巡逻执勤中一旦发现物业区域内发生案件、事故,无论产生的原因是什么,都应按照现场保护任务和要求,马上采取行动,一方面报告公安机关和有关部门,另一方面立即采取措施,划定现场区并实施封闭,设置警戒,严禁无关人员进入;同时紧急抢救伤者,保护好证据,注意发现各种可疑情况和抓获违法犯罪分子,倾听现场周围群众的各种议论反映等。

(3)对于犯罪嫌疑人正在作案的犯罪现场,保安员应根据现场的实际情况采取果断措施予以制止,并及时将其抓获,防止其逃跑或毁灭证据;同时,报告公安机关予以处理。

6. 处置巡逻中发现的突发事件和意外事件

突发事件,是指行为人故意制造的、对物业区域及人员安全有较大危害和较大影响的突然性事件,主要包括:聚众闹事、大型斗殴、哄抢物资、纠缠有关人员及凶杀、纵火等犯罪案件。意外事件,是指人们不能预见和控制的事件,主要包括自然灾害和意外事故。

三、巡逻管理的实施方法

巡逻的区域大小不一,实施巡逻的方法也有所不同。如果巡逻区域比较小,那么保安员可以采用徒步巡逻的方式;如果巡逻区域比较大,则可以采用驾车巡逻与徒步巡逻相结合的方式。但不管是单纯的徒步巡逻还是驾车巡逻与徒步巡逻相结合,在实践中都应遵守一些具体的实施方式。

1. 定点巡逻法

(1)定义:定点是指巡逻区域内的重点目标或重点部位。定点巡逻法就是指保安员按照管理处规定的要求,对巡逻区域内重点目标、要害部位进行重点巡查的巡逻方法。

(2)适用范围:定点巡逻法适用于对重点目标区域进行巡逻。即管理处划定的巡逻区域内除若干重点目标外,无其他巡逻保护的必要,在这种情况下可采取定点巡逻的方法,对重点目标重点巡查、警戒。

(3)实施要求:

①根据重点目标的具体情况确定巡逻点,然后根据巡逻点的数量合理配置巡逻力量。如果巡逻点比较集中,可安排一个巡逻小组或分队在巡逻点的外围循环巡查;如果巡逻点比较分散而且距离比较远时,可同时安排几个巡逻小组或分队分别对巡逻点进行巡查。

②应合理确定巡逻的时间间隔和交接班的时间,尤其在夜间应保证巡逻点时刻处于控制之中,确保重点目标的安全。

2. 定线巡逻法

(1)定义:线是指巡逻的路线。定线巡逻法就是指保安员在一定的时间和区域范围内,按照指定的巡逻路线进行有规律的往返警戒和看护检查的一种固定线路的巡逻方式。

(2)适用范围:定线巡逻法适用于那些没有重点保护目标,仅要求维持正常秩序的物业区域,如居民小区的巡逻一般可采取这种方法。

(3)实施要求:具体实施中应注意:①根据巡逻区域内的具体情况确定巡逻路线。巡逻路线确定后不能随意变动,保安员在一般情况下只按照固定的路线来回巡逻。②明确规定巡逻的次数及间隔时间。定线巡逻是一种有规律性的巡逻方法,保安员巡逻的次数、间隔时间、巡查内容都要有明确的规定,以便能准确执行,便于检查。③对于定线巡逻的具体路线、巡逻时间、间隔次数等情况,应注意保密,不得随意泄露,避免不法分子掌握巡逻规律,伺机实施不法活动。

3. 点线结合巡逻法

(1)定义:点线结合巡逻法是指以巡逻区域的重点目标为中心,围绕中心确定巡逻路线,组成点线结合巡逻网络的巡逻方式。

(2)适用范围:点线结合巡逻法适用于既要确保重点目标,又要兼顾整个巡逻区域安全的巡逻业务。

(3)实施要求:①根据重点目标确定巡逻重点。巡逻重点可以是一个,也可以是几个,应根据巡逻区域内的实际情况来决定。②根据巡逻重点确定巡逻路线。巡逻路线的确定既要考虑对重点目标的保护,又要考虑一般部位安全的需要,形成点与线有机结合的控制网络。这样既可以突出对重点目标的保护,又可以兼顾一般部位的保护,达到确保安全的目的。③要根据重点目标的分布情况和巡逻路线的距离情况,设计巡逻方案,规定巡逻的次数和具体间隔时间,并保持通信联络畅通无阻。

4. 不定线巡逻法

(1)定义:不定线巡逻法是指保安员在巡逻区域内,根据实际任务的需要自由选择巡逻路线,自由灵活实施巡查的方法。

(2)适用范围:不定线巡逻法适用于保护目标不集中、不特定、不固定的区域。

(3)实施要求:采用不定线巡逻法时应注意:①保安员应对工作认真负责,不能为了省事、省力而故意缩短巡逻路线和距离;选择巡逻路线时,应保证做到不留死角。②保安员必须十分熟悉巡逻区域内的地形地貌、建筑分布、道路通向等情况,并据此灵活有效地选择巡逻路线。③要制定应急方案和应急措施。采用不定线巡逻方法会增加各种突发事故发生的可能,一旦发生突发事件,可以按照预定的应急方案和措施采取行动,以保证巡逻区域内的安全。

四、巡逻管理的要求

1. 制订完备的巡逻方案和详细的巡逻计划

执行巡逻任务前应制订详细具体的巡逻计划,明确巡逻范围、巡逻任务、职责要求、人员配置、巡逻路线、巡逻方式、应急处置等具体内容,并严格按照计划执行巡逻执勤,以保证巡逻任务的顺利完成。

(1)确定巡逻路线应考虑的因素:①必须将巡逻范围内的所有重点目标都包括进来;②巡逻路线以最短为佳;③不能让外人知道巡逻规律。

(2)确定巡逻时间应考虑的内容:确定巡逻时间最重要的依据是治安动向和刑事犯罪活动的规律、特点。具体巡逻时间的确定,主要应考虑以下三个方面:①根据不同性质、不同类型的案件在发生时间、地点等方面的不同,巡逻时间也应有所区别;②根据有些案件受季节变化的影响,随着季节变化巡逻时间也应进行调整;③根据某些案件在一天24小时内发生数量的变化,针对不同案件的高发时间,确定每天巡逻的重点时间。

2. 建立一支经过专门训练的保安巡逻队伍

保安巡逻服务的涉及面广,机动性较强,随时都可能遇到突发事件或意外事故,面对的情况比较复杂,对执行巡逻服务的保安员提出了更高的要求。因此,需要有一支素质高、业务能力强的保安队伍执行巡逻任务,要求每一个保安员都经过专门训练,掌握巡逻执勤的业务知识和方法技能,才能较好地完成巡逻任务。只有这样,才能保证巡逻业务的正常开展。

3. 加强保安通信器材和装备的配置

巡逻服务具有突发的运动性特点,业务空间较大,经常会遇到各种各样的情况,需要及时通报、联络和请求援助;在发生突发事件时,也需要相关的装备配置进行处理。因此,应按照有关规定,为执行巡逻任务的保安员配置必要的通信器材及相关装备,形成通畅的通信网络,保证巡逻人员之间、巡逻人员与指挥系统之间的正常通信和联系。一旦发生突发事件或意外事故,便于及时报告和请求援助;同时,也可以大大提高保安员的应急处置能力。

4. 科学合理地配置和使用巡逻力量

由于巡逻服务的要求不同,巡逻的区域范围也不相同,重点保护目标的数量不同,对执行巡逻服务保安员的配置和要求也存在差异。因此,保安部门在执行巡逻服务时,应根据不同的情况配置和使用巡逻力量。

(1)对于巡逻范围大、重点保护目标多的巡逻区域,可设立保安部或巡逻队,布置足够的力量执行巡逻任务。

(2)对于巡逻空间小、没有重点目标或重点目标较少的巡逻区域,则可适当安排巡逻力量,以避免造成人员上的浪费。

5. 增强巡逻人员的防范意识

保安员必须时刻保持警惕,加强防范意识。巡逻执勤时,要善于观察、善于分析、善于发现问题,不放过任何异常情况和可疑的迹象。发现问题,果断决策,及时处理。

6. 加强与公安机关及有关部门的联系

维护巡逻区域内的正常秩序和治安,协助公安机关制止和打击违法犯罪活动,是保安巡逻服务的一项重要任务。而且巡逻中遭遇的许多突发事件离不开公安机关的支持,需要公安机关进行处理。因此,必须加强与公安机关的联系,取得业务上的支持与帮助。

五、巡逻时失误和漏检的防止

1. 做好交接班工作(表2-7、表2-8)

大量事实证明,许多治安事件和犯罪活动都发生在保安员交接班的时候。因此,必须加强交接班的管理工作,以利于加强辖区的治安管理,减少犯罪活动。

(1)交接班应在指定的地点和时间内进行。

(2)下岗保安员应在规定的下岗时间到达交接班地点,并在交接班地点周围一边巡逻,一边等候下一班保安员接岗。

(3)交接班应相互敬礼。下岗保安员在交班时,要将当班巡逻时保安区域内的情况详细介绍给接岗的保安员,并按规定履行防护器械等装备的交接。

(4)接班保安员未到,在岗保安员在报告上级的同时应继续巡逻,不得擅自撤岗。

2. 严格辖区查岗制度

为了检查保安员在巡逻过程中的工作情况,保安部门要实行辖区查岗制度,以进一步完善和提高巡逻工作的效率。

(1)检查的重点:保安员在出巡时的仪容仪表是否符合要求,履行职责的情况,遵守纪律的情况和巡逻的效果等。

(2)查岗的方式:查岗的方式有许多种,可以采取明查与暗查、普查与抽查等方法。

(3)查岗后的处理:对查岗中存在的问题,要及时予以纠正,对发现的好人好事,要及时给予表扬。查岗后,要及时进行总结,并将查岗的情况进行通报。

表 2－7　　物业小区巡逻记录表

班次：	当班时间：	值班员：	巡逻时间：
检查内容			检查情况
1	是否有可疑情况或可疑人员徘徊、窥视		
2	是否有机动车停在绿地、人行道、路口，小区内是否有修车、洗车等违章违停现象		
3	是否有业主在室外动土施工、搭建和牵拉电线		
4	是否有未按规定时间、要求进行装修的		
5	是否有饲养家禽和宠物的现象		
6	是否有乱摆卖现象		
7	业主有无意见、建议		
8	是否有收捡破烂、乞讨等“三无”人员		
9	是否有乱堆放装修垃圾和生活垃圾的，是否有高空抛物的现象		
10	是否有人践踏绿地或在绿地踢球、砍伐树木、占用绿地等破坏绿化的现象		
11	是否有在绿地或树木上挂晒衣物的现象		
12	是否有漏水、漏电、漏石油气等现象		
13	是否有排水井或化粪池堵塞、冒水的现象		
14	房屋本体内楼道灯、电子门、消火栓、公共门窗等设施的完好情况		
15	小区内道路、路灯、排水井盖、游乐设施、消火栓、路墩等设施有无损坏		
16	其他		

说明：
1. 没有发现问题的，在检查情况栏内打“？”；有问题的则记录下来。
2. 发现紧急情况，马上报告主管和总值班室；对于大量渗漏、冒水、设施严重损坏和违章等一时难以处理的问题，由总值班室或主管立即报告上一级主管、分管、副主任或主任处理。

表 2-8　　保安巡逻签到卡

岗位：　　　　　　　　　　区域：

时间	姓名		时间	签名		时间	签名
巡视记录（楼管员填写）：							

思考练习

一、填空题

1. ________是指保安员在物业区域范围内，为发现、制止各种不良违规行为，消除辖区内的安全隐患，维护正常的工作和生活秩序，而进行的巡视、检查、警戒等系列活动的总称。
2. 巡逻过程中需要及时发现的问题主要包括________、________、________。
3. 巡逻管理实施方法包括________、________、________、________。
4. 巡逻管理的任务之一是保护物业区域内重点目标的安全，一般来说，如________、________、________、________、________、________、________、________、________等属于重点目标。
5. ________是指人们不能预见和控制的事件，主要包括自然灾害和意外事故。

二、选择题

1. 小区发生偷窃事件具有很大偶然性，但若认真组织巡逻，有重点、有针对性地进行巡逻服务，可减少此类事件的发生，这说明（　　）。

   A. 偶然性与必然性共存　　B. 方式灵活、机动

   C. 不确定因素多　　D. 巡逻效果与巡逻人员责任心成正比
2. 关于安防巡逻的任务表述不正确的是（　　）。

   A. 有效防止物业区域内各种案件、事故的发生

   B. 对出入小区的人员进行登记、查验

   C. 依法同各种违法犯罪行为作斗争

   D. 维护正常的工作和生活秩序，维护物业区域内的安全
3. 下列对意外事件的处置中不当的是（　　）。

   A. 迅速报告并组织抢救　　B. 保护好现场，协助进行事件调查

   C. 积极协助做好善后工作　　D. 可靠的通信联络方法
4. 在采用不定线巡逻法时不正确的说法是（　　）。

A. 不能因为省事、省力而故意缩短巡逻路线和距离

B. 熟悉巡逻区域的地形地貌,灵活选择巡逻路线

C. 制定应急方案和应急措施

D. 注意保密,不得随意泄露

5. 下列不属于突发事件的是(　　)。

A. 聚众闹事　　B. 哄抢物资

C. 凶杀、纵火　　D. 洪灾、地震

三、简答题

巡逻管理的具体任务有哪些?

学习任务5 物业安防监控管理

任务概述

本任务的主要内容是公共安全防范的监控管理。监控管理的内容包括各类安防监控设施设备的介绍、监控中心的设置及职能、监控服务的管理等。熟悉各种监控设施,明确监控中心职能,做好监控中心、门禁系统、防盗报警系统及对讲机的管理,才能实现公共安全的技术防范。

任务目标

- 能掌握各种监控设施设备的工作原理,并学会使用
- 能掌握监控中心的设置及具体职能
- 学会如何进行监控中心的日常管理、安全管理、录像带管理及设备管理
- 学会如何对门禁系统进行管理
- 学会如何对防盗报警系统进行管理
- 学会对讲机的管理

学习内容

当今,诸多小区、写字楼等都配置了周界防越报警系统、红外摄像监控系统、消防报警联动系统等智能化设施设备。通过先进的科技水平发现、记录、防护及处理突发及意外事件的发生。监控管理就是物业公司为安装了智能化安防设施设备的小区,专门配备24小时监控人员,以此监控意外情况的发生,并在第一时间做出反应的系列活动。

一、监控设备概述

1. 周界防越报警系统

周界防越报警系统是为了防止有人通过非正常出入口闯入小区时设置的,通过这套设备防范非法人员进入辖区实施破坏活动,防范闲杂人员翻越围墙或栅栏。

周界防越报警系统由红外多束对射探测器、周界控制器、中心电子地图、声光报警器、强光灯等组成。一旦有人非法闯入,就会触发在小区围墙四周的红外多束对射探测器,探测器立即发出报警信号到周界控制器,通过网络传输至中央控制室,并在小区中心电子地图上显示报警点位置。这样方便保安员准确到达该地点及时处理,联动现场的声光报警器(白天)或强光灯(夜间)可以起到威慑和阻吓的作用;同时,还以信号提醒有关人员注意,做到群防群治,真正起到防范作用。

2. 电子监控系统

电子监控系统由电子摄像头、显示屏幕、录像机、中央微处理机、中央供电器等主要部分构成。

电子摄像头一般安装在大门口、电梯口、电梯内、停车场、各楼层公共走道、大堂、主要通道等重要部位。为确保辖区内的安全,摄像头的分布应该能监视所有的公共部位,避免出现死角。

显示屏幕在中央监控室内,将输入的电子信号转换成图像在屏幕上显示出来。屏幕数量可以与摄像头一对一,又可以一对多。当布置的摄像头较多时,可采用一个屏幕显示4~16个画面或自动滚动切换画面。如果出现异常状况,还可以对画面实行单一摄像头专录或定格。

由于录像机、屏幕众多,一般无法全面、有效地看清所有的画面。通过录像,可以将监控范围的情况实时录下,并随时提供给有关单位、人员以备查阅。

整个监控系统的大脑是中央微处理机,一般设在监控室或中央控制室内。它既能对整个小区或大楼或停车场的多路摄像头的信号进行编组、分路,并在指定的显示屏上显示,又能通过键盘操作,对每组监控线路的滚动间隔时间、显示时间等进行设定,对摄像头进行多功能的调试、处理,如上下移动、左右跟踪扫描等。

电子监控系统为保安员监视辖区内的情况提供了便利,使保安员在控制中心便可以监视整个辖区的情况,从而大大加强了安保的效果。监控系统除了起到正常的监视作用外,在接到报警系统和门禁系统的示警信号后,还可以进行实时录像,记录下报警时的现场情况,以供事后重放分析。

3. 电子防盗报警系统

电子防盗报警系统由各种类型的探测器、信号传输系统、监控主机等组成。探测器可以利用高科技的电子、红外、超声波、微波、光电成像精密机械等技术,如果重点部位在禁止入内的时间内有人出入,探测器探测信号通过传输系统传入监控主机,并通过防盗主机发出警报,值班保安员就可以据此做出反应。

4. 门禁管理系统

门禁管理系统由控制器、进出门读卡机、报警传感器、警报器、电磁锁、出门按钮、门传感器等组成。这个系统的最大特点是为监视及控制人员进出某一区域提供完备的功能，对设防区域的位置、通过对象及通过时间等进行实时控制下设定多级程序控制。一般控制器可识别三种类型的IC卡，如用户卡、特殊卡、设置卡。进出人员只要拥有其中任何一种，均可刷卡进入；系统同时自动记录IC卡对应的身份、时间等。

5. 电子巡查系统

电子巡查系统由手机、墙机、输出设备等组成。手机由巡逻的保安员掌握，墙机安装在需要巡视的部位，如重要部位、监控死角等。当巡逻保安员到达指定安检位置时，只需将手机插入墙孔内，手机即可记录巡逻保安员的信号、日期、时间。监督人员可通过手机显示屏或专用打印机输出记录内容，以便查阅巡逻情况。电子巡查系统不能主动进行安全监控，仅是一种控制手段，用于辅助保安巡逻工作。

6. 对讲机

对讲机是保安员用以寻呼、联络、通话的设备，在治安管理中用于及时互通信息，增强安全防范效果。

二、安防监控中心及职能

物业管理处应设置安防监控中心，这是辖区保安工作的指挥中心、观察中心，也是安防设备自动控制中心。在现代智能建筑中，往往将安防监控中心、防火管理中心和设备管理、信息情报管理结合在一起，形成防灾中心或监控中心。

安防监控中心应设置多个必要的闭路电视监控器，设置防盗报警及门禁集中管理系统，凡是设在管辖区域内的防盗报警探测器、摄像机、报警按钮等信号均送至安防监控中心。

安防监控中心可以更好、更全面地掌握被监控区域的情况，可以绘图列表，也可以用模拟沙盘显示、电视屏幕显示，具体采用什么方法显示，可根据安防监控的具体情况来确定。

三、监控服务的管理

物业管理区域内一般实行监控系统24小时开通，由专人值班，定点监控录像，对可疑情况跟踪监视、同步录像。监控中心的管理主要有：

1. 监控中心管理

(1)监控中心日常管理：

①管理处应列出监视系统摄像头布防的分布数量和部位。

②按每台录像机配备16盒录像带，所有录像带必须保存两周，严禁出差错；调看录像带须经管理处主任批准。

③监控中心内实行24小时值勤，不得脱岗无人。

④外来人员进入监控中心应经管理处同意并登记。

⑤设备发生故障应立即报修。

⑥当显示屏出现异常情况时应立即用对讲机通知保安班长赶到现场，做好记录，遇紧急情况按应急预案执行。

⑦每天晚上9时对周界报警的各个防区进行检查，并做好记录，发现故障应立即

报修。

⑧接消防、周界报警时应立即用对讲机通知保安班长赶到现场，跟踪处理结果并做好记录，然后将系统重新复位、布防。

⑨接业主电子对讲系统铃响3声之内应答，认真听取要求，用对讲机向保安班长报告并做好记录（表2－9）。

⑩保持监控中心室内清洁。

⑪负责对讲机、应急电筒的保管、充电、借用手续。

表2－9 监控中心信息记录表

序号	来电时间	来电人			信息内容（保修、投诉、咨询、建议、求助、其他）	处理结果	处理日期	记录人	备注
		姓名	电话	地址房号					

（2）监控中心安全管理：

①监控中心由保安员负责24小时监控，由机电工负责日常维保，保安员须经培训后方可上机操作。

②机房内环境温度应保持5～28℃，墙上挂温度计。

③无关人员严禁进入监控中心。若要进入，须经保安主管、设备主管或管理处主任批准，由设备主管或保安员陪同进入。

④监控中心严禁吸烟、明火作业。确因工作需要动用明火，须事先办理动火审批手续，经设备主管同意并经管理处主任认可，按照动火作业管理规定进行。

⑤监控中心消防设施完备，并定期检查。

⑥常备应急电筒及充电式应急照明设施。

⑦监控中心内、外保持清洁，室内照明、通风良好，地面、墙壁、门窗、设备无积尘、水渍、油渍。禁止乱堆杂物和易燃、易爆物品。

⑧监控中心内的一切设备设施、元器件、线路严禁随意更改。

⑨值班人员不得擅离岗位，进出监控中心应随手关门。

⑩各控制柜、显示屏、信号灯、控制线路等的运作应始终处于有效状态，各类功能标示应明确。

（3）录像带管理制度：

①任何人（包括保安员）未经管理处主任同意，不准查看监控录像带的内容。

②录像带保存处要有防潮措施，避免录像带发霉。

③新的录像带启用时应在标记栏上注明开始使用日期；每次录像后，注明录像时间，连续使用2 4个月应更换新带（表2－10）。

表2－10 **录像带更换记录表**

日期	时间	录像带编号	录像带时间段	走带位置	更换签名	备注

（4）监控设备管理：值班保安员每天擦拭一次监控设备，保持显示屏、录像机等设备清洁。对监控设备系统每天上午进行测试和检查，发现异常和故障立即报修，并作记录。监控系统、设备设施运行的检查标准见表2－11。

表2－11 **监控设备检查表**

序号	项目	检查内容	检查标准	备注
1	监视屏	图像、亮度、电源开关	图像清晰、附件完好	
2	摄像机	图像、光圈、变焦	图像清晰、附件完好	
3	录像机	快进、快倒、时钟、录、放	功能完好、能录像	

值班保安员要掌握监控中心各个系统的简单工作原理、性能和常规的维修养护工作，能熟练操作各个系统。值班保安员要坚守岗位，密切注视显示屏及各类控制柜的运行状态。每班对各类信号至少检查一次，看是否能够正常运行，并做好记录；如不正常应立即查明原因并及时处理，无法处理的问题迅速上报主管或机电工。

对于监控中心设备的运行与管理，应制定制度予以控制。

2. 门禁系统管理

（1）门禁系统的维护保养：

①保安员要清楚装有门禁系统门的位置。

②要了解门禁系统的基本工作原理、性能和常规的维护保养工作，熟练掌握该系统操作过程。

③要定期检查服务器，检查监视系统有无故障发生；如有故障发生，要及时通知生产厂家前来排除故障，确保系统能够运作正常。

（2）IC卡的发放与收缴：在配置门禁系统时，就要为物业区域内的业主及管理处工作人员制作出入大门的IC卡。制定IC卡的发放制度并做好记录，以便有效控制。记录的内容包括发放日期、IC卡编号、领用人姓名、领用人数量、业主房号、有效日期、车辆号码和审批人等。

（3）门禁系统的管理：做好门禁系统的安全保密工作，不能随便泄露门禁系统的信息，以防门禁系统里面的设置被更改，遇到门开关不了或者门卡开关不了门时，要及时找出故障原因并通知有关部门排除故障。

3. 防盗报警系统的管理

(1)维修保养工作应安排专人负责,其他人员不得随意打开报警控制器主机箱,不得随意乱动相关的器材及其内部线路和元器件。

(2)检查报警控制器电源电压是否符合要求,各类电线(电源线、信号线和控制线等)接头是否牢固。

(3)防盗门、窗启闭机械装置要定期加注润滑油,及时更换毁坏、磨损的零部件。

(4)经常检查报警器和控制器的工作情况,及时清扫报警器和主机箱内外的灰尘。

(5)每半年对整个防盗报警系统的主机、线路、探测器等进行一次检查,发现问题及时处理。

(6)进行建筑维修时,应避免对主机产生较大的震动,并注意防止水流入主机箱内。

4. 对讲机的管理

对讲机是保安员执行任务的重要联络工具,它属于保安服务公司的公共财产,每个保安员都有责任、有义务保管好,以防遗失或损坏。对讲机只供保安员执勤时使用,严禁用作他用和转借他人;禁止私自携带外出,如确有需要,需报主管领导批准。对讲机的使用应严格按规定频率正确操作,严禁私自乱拆、乱拧、乱调其他频率,违者将按有关规定处理。保安员交接班时,应做好对讲机交接验收工作,以免出现问题时互相推卸责任。对讲机不用时,应由保安班长收回,统一交保安办公室保管充电。

拓展提高

中控室设备运行维护工作规范

1. 适用范围

适用于大厦(小区)中央控制室(简称中控室)的运行维护管理。

2. 职责

(1)中控室监控员负责中控室设备的清洁、操作、监控、记录。

(2)代维修单位负责中控室设备的维修保养工作。

(3)中控室主管负责中控室的综合管理及对上述工作的检查监督。

(4)管理处主任负责对上述工作的检查监督。

(5)工程管理部负责对上述工作的技术指导及检查监督。

3. 工作程序

(1) 管理人员的工作程序:

①中控室监控员负责中控室监控设备 24 小时运行操作、监控、记录。

②当接到火警报告或显示火警信号时,应立即通知保安员前往观察。确认火情后,通过广播和警铃疏散人员,启动相应灭火设备,并及时通知有关部门。

③当通过监控电视发现可疑人员或异常情况时,应立即通知保安员前往巡查,及时向保安员提供有关情况,并协助处理。

④当监控设备发生故障时,应立即通知代维修单位进行维修,同时要求保安员提高警

惕,并及时通知上级主管。

⑤将每班的消防、治安以及设备运行情况记录于“交接班记录”及“消防设备监控运行记录表”中。

⑥在代维修单位人员及工程值班人员的监控下,每季对火灾报警系统进行一次功能检查,并将检查结果记录于“交接班记录”中。

⑦在中控室主管的指导下,每周打扫机房一次,每月清洁设备一次,保持地面、墙壁、设备无积尘、水渍、油渍。

⑧中控室监控录像带的保存时间必须超过 7 天。

⑨中控室主管负责中控室的综合管理,包括人员值班安排、技术资料、档案的收集和保管;负责零星设备配件、材料采购计划的编制;负责与代维修单位的联系工作,以及对维修保养工作进行指导和检查监督。

⑩负责与代维修单位协商拟订“设备检查保养年度计划”,并按运行情况拟订中修、大修计划。

⑪每月按时对消防应急器材进行检查,并填写“消防应急器材检查表”。

⑫管理处主任确认中控室设备检查、保养年度计划以及中修、大修计划,检查维修保养记录。

⑬每周听取中控室主管汇报工作,对中控室工作进行不定期检查。

(2)中控室管理工作程序:

①中控室实行每日 24 小时专人值班、监控,严格执行交接班制度,填写好值班记录。

②非值班人员严禁操作,外来人员进入中控室要经管理处或中控室主管批准。

③每班应检查一次各类信号是否正常,并认真记录;如有异常要立即查明原因。

④室内要保持干净卫生,设备无灰尘,不准堆放杂物,室内禁止吸烟。

⑤常备应急电筒及充电式应急照明设施。

(3)中控室设备维修保养工作程序:

①中控室设备由监控员负责日常检查维护,代维修单位维修人员负责设备的维修保养。

②中控室主管与代维修单位协商拟订设备检查、保养年度计划,根据设备运行情况拟订中修、大修计划,报工程管理部审核。

③中控室主管督促代维修单位按设备检查、保养年度计划对设备进行维修保养,并将维修保养情况记录下来。

④消防设备维修后必须恢复原状,不得随意更改原器材、线路。

思考练习

一、填空题

1. ________是为了防止有人通过非正常出入口闯入小区时设置的,通过这套设备防范非法人员进入辖区实施破坏活动,防范闲杂人员翻越围墙或栅栏。

2. 电子监控系统由________、________、________、________、________等部分构成。

3. 物业管理处一般设置________，这是辖区保安工作的指挥中心、观察中心，也是安防设备自动控制中心。

4. 监控中心的管理包括________、________、________、________四个方面。

5. ________是保安员执行任务的重要联络工具，它属于保安服务公司的公共财产，每个保安员都有责任、有义务保管好，以防遗失或损坏。

二、选择题

1. 下列关于电子监控系统的表述有误的是(　　)。

A. 由探头、显示屏幕、录像机等构成

B. 探头一般安装在大门口、电梯口等重要位置

C. 显示屏幕在中央监控室内

D. 监控系统的大脑是中央供电器

2. 下列关于安防监控中心的表述错误的是(　　)。

A. 安防监控中心是安防设备自动控制中心

B. 安防监控中心应设置多个必要的闭路电视监控器

C. 安防监控中心可以用模拟沙盘显示及电视屏幕显示

D. 辖区内的防盗报警探测器、报警按钮等信号可自行管理，无须送至安防监控中心

3. 下列不属于电子防盗报警系统组成部分的是(　　)。

A. 各种类型探测器　　B. 录像机

C. 信号传输系统　　D. 监控主机

4. 下列不属于监控中心日常管理的是(　　)。

A. 列出监视系统摄像头布防的分布数量和部位

B. 设备发生故障应立即报修

C. 严禁吸烟、明火作业

D. 保持监控中心室内清洁

5. 下列不属于监控中心管理的是(　　)。

A. 日常管理　　B. 安全管理　　C. 设备管理　　D. 门禁系统管理

三、简答题

1. 常用的监控系统设施设备有哪些？

2. 监控服务的管理具体包括哪些内容？

学习任务6 常见危险源的辨识

任务概述

在物业管理工作中,学会对常见危险源的辨识,是安全防范的必要前提。危险源是指一个系统中具有潜在能量和物质,释放危险的、可造成人员伤害、财产损失或环境破坏的、在一定的触发因素作用下可转化为事故的部位、区域、场所、空间、岗位、设备及其位置。本任务主要内容包括危险源的基本概念、危险源的辨识方法、物业管理中的危险源清单等。清楚识别物业管理中的危险源,才能及时发现安全隐患,有效化解危险,维护辖区内的公共安全。

任务目标

- 能了解、区分危险源的基本概念
- 能掌握危险源的辨识方法
- 会根据危险清单及早发现安全隐患,有效化解风险

学习内容

一、危险源的基本概念

1. 危险源

危险源是指一个系统中具有潜在能量和物质,释放危险的、可造成人员伤害、财产损失或环境破坏的、在一定的触发因素作用下可转化为事故的部位、区域、场所、空间、岗位、设备及其位置。

2. 事故隐患

事故隐患是指生产经营单位违反安全生产法律、法规、规章、标准、规程和安全生产制度的规定,或者因其他因素在生产经营活动中存在可能导致事故发生的危险状态、人的不安全行为和管理上的缺陷。

危险源本身是一种“根源”,事故隐患是可能导致伤害或疾病等的主体对象,或可能诱发主体对象导致伤害或疾病的状态。

例如:装乙炔的气瓶发生了破裂。

危险源是乙炔,是可能导致事故的根源;事故隐患是乙炔瓶破裂,导致事故的“状态”。

二、危险源的辨识方法

1. 按 GB/T13861－2009《生产过程危险和有害因素分类与代码》进行辨识(摘编)

——物理性危险和有害因素

——化学性危险和有害因素

——生物性危险和有害因素

——生理性危险和有害因素

——心理性危险和有害因素

——人的行为性危险和有害因素

——其他危险和有害因素

A. 物理性危险和有害因素(表2－12)

表2－12 物理性危险和有害因素

种类	内容
设备、设施缺陷	强度不够、外露运动件、密封不良等
防护缺陷	无防护、防护不当或防护距离不够等
电伤害	带电部位裸露、静电和杂散电流、漏电、电火花等
噪声	机械性、流体动力性噪声等
振动危害	机械性振动、流体动力性振动等
电离辐射	包括 X 射线、γ 射线等
非电离辐射	紫外辐射、激光辐射等
运动物伤害	抛射物、飞溅物、坠落物等
明火	
高温物体	高温气体、高温液体等
作业场所环境不良	粉尘大、光线不好、空间小、通道窄等
信号缺陷	无信号设施、信号不清等
标志缺陷	无标志、标志不清晰等
其他物理性危险和有害因素	

B. 化学性危险和有害因素(表2－13)

表2－13 化学性危险和有害因素

种类	内容
易燃易爆物	氧气、乙炔、一氧化碳、油料、煤粉、水泥包装袋等
自燃性物质	原煤及煤粉等
有毒物质	有毒气体、化学试剂、粉尘、烟尘等
腐蚀性物质	腐蚀性的气体、液体、固体等
其他	

C. 生物性危险和有害因素(表2－14)

表2－14　　生物性危险和有害因素

种类	内容
致病微生物	细菌、病毒、其他致病微生物
传染病媒介物	能传染疾病的动物、植物等
致害动物	飞鸟、老鼠、蛇等
致害植物	杂草等
其他	

D. 生理性危险和有害因素

健康状况异常、从事禁忌作业等。

E. 心理性危险和有害因素

心理异常、辨识功能缺陷等。

F. 人的行为性危险和有害因素

指挥失误、操作错误、监护失误等。

G. 其他危险和有害因素。

2. 按照GB 6441－1986《企业职工伤亡事故分类标准》进行辨识(摘编)

——物体打击

——车辆伤害

——机械伤害

——起重伤害

——触电

——淹溺

——灼烫

——火灾

——高处坠落

——坍塌

——放炮(爆破)

——化学性爆炸(瓦斯爆炸、火药爆炸)

——物理性爆炸(锅炉爆炸、容器爆炸)

——其他爆炸

——中毒和窒息

——其他伤害

三、物业管理中的危险源清单

1. 职业安全类

(1)保洁类:

①消杀工作防止中毒;

②清洁光滑作业面防止摔伤；

③高空或离开地面作业时防止坠下（如：清洁外墙等）；

④绿化工作时防止被植物或工具刺伤、割伤；

⑤搬运物件过程防止身体伤害（如：磕伤、扭伤、砸伤等）；

⑥恶劣天气情况下保洁作业防止身体伤害（如：酷暑、寒冬、雷电、台风等天气；

⑦在汽车道、车辆出入口保洁作业防止身体伤害；

⑧清洁下水管井等密闭管井防止缺氧和中毒；

⑨在工程现场工作时防止意外事故发生（如：坠物、扎脚等）；

⑩防止工作现场因产生噪音、污染、有害气体等对身体的伤害；

⑪防止在保洁工作时触电（如：清洁开关面板、插座、灯罩等）；

⑫高空通道使用护栏防止坠下。

（2）保安类：

①训练时防止身体伤害；

②与客户、外来人员等发生肢体接触时防止身体伤害；

③恶劣天气情况下执勤防止身体伤害（如：酷暑、寒冬、雷电、台风等天气）；

④搬运物件过程防止身体伤害；

⑤在汽车道、车辆出入口执勤防止身体伤害；

⑥使用防卫武器时防止伤及他人和自己；

⑦进行意外抢险工作时防止身体伤害（如：灭火、制止罪犯等）；

⑧使用巡逻车辆时防止意外发生（如：自行车、摩托车、电瓶车等）；

⑨在工程现场工作时防止意外事故发生（如：坠物、扎脚等）；

⑩车场岗位穿着反光衣。

（3）维修类：

①特种作业时防止意外事故发生（如：电焊、气割等）；

②使用作业工具防止被刺伤、割伤、擦伤（如：刀、铁锤、砂轮机等）；

③高空及离开地面作业时防止坠下（如：更换楼顶灯、路灯等）；

④检修电器、机械设备时防止身体伤害；

⑤防止劳动防护用具破损失效；

⑥恶劣天气情况下作业防止身体伤害；

⑦搬运物件过程防止身体伤害；

⑧在无通风情况的密闭管井中作业防止缺氧和中毒；

⑨在工程现场工作时防止意外事故发生（如：坠物、扎脚等）。

2. 消防管理类

（1）家庭中：煲汤等忘记关火、燃放爆竹、烟头乱扔、阳台堆放易燃杂物等、儿童玩火、煤气泄漏、住户装修没有配置灭火器；

（2）电气中：电气线路短路、电气设备过载、补偿电容起火、使用电焊时没有在附近配置灭火器；

(3)设备中:发电机柴油箱没有接地、设备房有易燃易爆物品、消防报警系统故障;

(4)其他:消防栓等设施完好性、灭火器配置情况、室外煤气泄漏、灭火方法不正确、氧气乙炔瓶间隔距离不够、小区内山体公园没有设置消防水和报警装置。

3. 车辆管理类

(1)停车场设施:道闸(失灵、误操作、无防砸车装置)、出入口活动地桩(没有设置、没有使用、地桩上无反光纸或反光漆、地桩强度不够)、车场周边没有防止强撞装置和没有形成闭环、交通设施(反光镜、减速坡)设置不够或不合理、刷卡设备位置设置不合理、车库出入口排水沟雨箅子不牢固、露天车场出入口没有制作雨雪棚、车库上端管道滴水、渗水到车场;

(2)车辆交通标识:路口配置禁停、限速、限高、导向、分道行驶、人车分行、禁止尾随、转向、价格公示标志、障碍物使用反光标识、车场内雨水管的保护、车辆流向设置不合理性;

(3)车位:车位位置设置不合理、倒车架位置、车位设置编号、车位朝向影响住户、小车位没有标识;

(4)人员操作:安全员指挥不当、车辆进出没有检查(进入车辆车况检查、进入危险品、外出可疑物品、无牌车辆进入);

(5)车辆停放:占道停放、跨位停放、占位停放;

(6)停车场环境:车场灯光太暗、入口光线太强影响司机视线;

(7)车辆防盗:收发卡、收发票管理、车辆出入口流程合理(验卡票后放车)。

4. 公共区域安全类

(1)各类安全提示标识;

(2)路灯/草坪灯柱松动、路灯/草坪灯罩松动或破裂、电线裸露;

(3)井盖、地面不平或易滑地面、不合适的路障;

(4)娱乐设施松动、娱乐设施尖角或局部变形、休闲椅凳松动或尖角;

(5)公共场地临时施工防护、工具/材料等高空搬运、不适当的楼梯扶手或护栏、公共场所照明度;

(6)工具、材料等高空坠落、阳台花盆等物品坠落、病虫害枝、枯枝等意外坠落伤人、带刺绿化植物对人员的伤害、植物发出的气体对人体造成不良感受、特殊季节的台风、暴雨引起的物品坠落等;

(7)电梯轿厢安全呼救按钮、轿厢照明、电梯困人、电梯保养或维修时的防护栏及提示标识;

(8)水景区域救生圈、水池边缘/池壁设置防滑、防护栏、召援电话、水景灯使用安全电压、防水性。

5. 泳池安全类

(1)安全提示标识:包括禁止有心脏病、酒后、有传染病的人员游泳的标识等;

(2)易滑地面、泳池公共照明度:包括池底照明、池底照明防水性;

(3)泳池池水清晰度及酸碱度、水质符合国家规定;

(4)救生员责任心、泳池池底及池边设施尖角、泳池吸管及吸杆摆放位置不适当、冲凉房易滑地面、喷淋头牢固性、冲凉房灯罩松脱；

(5)使用人员需要有健康证、泳池按规范配置浸脚池、喷洒装置、四周封闭；

(6)严禁跳水、追打、深水区与浅水区、水深、救生圈、救生杆、救生员比例、救生员的瞭望台设置能有效观察泳池情况。

6. 治安类

(1)入室盗窃

①作案人员:窃贼可能利用各种身份进行伪装。如住宅区内的租户、家政、装修、无业人员、内盗等;住宅区外的废品收购、维修人员、访客等；

②作案工具:扳手、钳子、铁棍或无作案工具；

③作案方式:踩点——潜伏——实施——潜逃；

④作案时间:家中无人或夜晚睡觉时；

⑤盗窃物品:现金、首饰、家具、电器等。

(2)公共设施盗窃

①作案人员:装修、废品收购、假冒身份等人员；

②作案方式:踩点——实施——潜逃；

③盗窃物品:公共设施、金属器件、电气器、配件、小型雕塑、名贵花草、他人物品如晾晒衣物、临时放置的物品等。

(3)抢劫

①作案人员:无业人员、假冒身份等人员；

②作案方式:踩点——实施——潜逃；

③作案工具:摩托车或无作案工具；

④治安死角:偏僻路口、道路、室内等。

(4)肢体冲突

其他人员和保安员肢体冲突或其他人员之间肢体冲突。

案例分析

2002 年 5 月的一天,6 岁的小明和另外三个小朋友(分别为 9 岁的小杰、10 岁的小红、11 岁的小勇)在住宅小区的楼下玩耍,在一间堆放杂物的临时搭建的小屋子里,孩子们发现了几个放天那水的小铁桶,孩子们用木棒点燃了天那水玩耍,其中小杰将燃烧的木棒插入盛天那水的小桶后发生爆炸,小明因离得较近而被严重烧伤。事故发生后,小明的父母赶紧把孩子送入医院抢救,但治疗一个多月后终因为大面积烧伤而导致败血病死亡。后来,小明的父母将该小区的物业管理公司和另外 3 个孩子告上法庭,要求赔偿损失。

后经该地区的人民法院审理后认为,被告某物业公司将易燃易爆物品天那水放置在儿童容易获得的地方,对爆炸事故负有重要责任。其不作为的行为和 4 个孩子玩天那水烧火引起爆炸,这两个方面应各占一半的责任。一审判决责任比例:小明父母因监护不力对孩子的死亡承担15%的责任;物业管理公司承担45%责任;小杰由于直接引起爆炸承担25%责任,其他两个孩子各承担7.5%的责任。由于3个孩子均未成年,其赔偿责任由监护人承担。最终判决小明父母获得13万元赔偿金,其中物业管理公司赔偿7万元。

本案的焦点,也是许多守法经营的物业管理公司遇到不常见的损害事故时想到的首要问题。从法律上讲,该不该承担责任,应该承担什么责任?这里涉及两个法律概念:该不该承担责任,由民事责任的构成要件决定;根据什么承担责任,由民事责任的归责原则决定。构成民事责任一般必须具备四个条件:违法行为、损害事实、因果关系、主观过程。本案一审法院判决物业管理公司的不作为是导致孩子死亡的主要原因。主观过错包括故意和过失两种形式。物业管理公司一般不会发生故意的过错,但常会对过失认识不够,过失就是欠缺注意。本案中,物业管理公司指派的保管员和使用天那水的员工显然没有意识到天那水作为易燃易爆危险品的特殊性,从而导致物业管理公司构成了未尽到应有的重视,未妥善履行管理义务的过失。

物业管理企业应针对危险源辨识,进行风险评价和风险控制,制定并实施安全控制措施。安全控制的目标是减少和消除物业管理服务过程中的事故,纠正人的不安全行为,排除物的不安全状态,保证员工健康安全和财产免受损失。从上述案例中可以将这些安全控制措施概括为:减少或消除人的不安全行为措施;减少或消除设备、材料的不安全状态的措施;改善(作业)环境的措施。

拓展提高

事故致因理论——两类危险源

一、第一类危险源

定义:系统中存在的、可能发生意外释放的能量或危险物质称作第一类危险源。实际工作中往往把产生能量的能量源或拥有能量的能量载体作为第一类危险源来处理。例如,带电的导体、奔驰的车辆等。

常见的第一类危险源如下:生产、供给能量的装置、设备;使人体或物体具有较高势能的装置、设备、场所;能量载体:一旦失控可能产生巨大能量的装置、设备、场所,如强烈放热反应的化工装置等;危险物质,如各种有毒、有害、可燃烧的物质等;生产、加工、存储危险物质的装置、设备、场所;人体一旦与之接触将导致人体能量意外释放的物体。

二、第二类危险源定义

导致约束、限制能量措施失效或破坏的各种不安全因素称作第二类危险源。从系统安全的角度来考察,使能量或危险物质的约束、限制措施失效、破坏的原因因素,即第二类危险源,包括人、物、环境三个方面的问题。

第二类危险源往往是一些围绕第一类危险源随机发生的现象。它们出现的情况决定事故发生的可能性,第二类危险源出现得越频繁,发生事故的可能性越大。

三、危险源与事故

一起事故的发生是两类危险源共同作用的结果。第一类危险源的存在是事故发生的前提,没有第一类危险源就谈不上能量或危险物质的意外释放,也就无所谓事故。另一方面,如果没有第二类危险源破坏对第一类危险源的控制,也不会发生能量或危险物质的意外释放。第二类危险源的出现是第一类危险源导致事故的必要条件。

在事故的发生、发展过程中,两类危险源相互依存、相辅相成。第一类危险源在事故发生时释放出的能量是导致人员伤害或财务损坏的能量主体,决定事故后果的严重程度;第二类危险源出现的难易决定事故发生的可能性的大小。两类危险源共同决定危险源的危险性。

思考练习

一、填空题

1. __________是指一个系统中具有潜在能量和物质,释放危险的、可造成人员伤害、财产损失或环境破坏的、在一定的触发因素作用下可转化为事故的部位、区域、场所、空间、岗位、设备及其位置。

2. __________是指生产经营单位违反安全生产法律、法规、规章、标准、规程和安全生产制度的规定,或者因其他因素在生产经营活动中存在可能导致事故发生的危险状态、人的不安全行为和管理上的缺陷。

二、选择题

1. 物业管理中的危险源清单中不属于职业安全类的是(　　)。

A. 保洁类　　B. 保安类　　C. 设备类　　D. 维修类

2. 下列不属于车辆管理类中的危险源的是(　　)。

A. 停车场设施　　B. 车辆交通标识　　C. 车辆停放　　D. 电器管理

三、简答题

物业管理中有哪些种类的危险源?

学习任务7 对突发事件的预案与处理

任务概述

现代社会,突发事件时有发生,且发生频率逐日攀升。对突发事件的应急处理已经成为社会管理中不容忽视的重要问题。作为物业管理企业,如何应对和处理各种突发事件,也是衡量其综合服务能力的重要标准。本任务将从突发事件的概念、种类、预案编制及处理等方面做重要分析，重点讨论物业管理中常见的治安、刑事、爆炸、自然灾害、停水停电等突发事件的应急处理方式方法。物业管理企业只要做好突发事件的应急处理，才能维护好所辖区域的公共秩序与安全。

任务目标

- 了解突发事件的特征与种类
- 掌握突发事件处理预案编制程序与准则
- 学会对典型突发事件的预案与处理

学习内容

物业服务企业开展物业突发事件应急处理，应遵循《中华人民共和国突发事件应对法》《中华人民共和国消防法》等所规定的突发事件应对工作实行“预防为主、预防与应急相结合”的原则，从物业管理实际出发，在承接物业时，就要针对可能发生的突发事件制定突发事件处理预案。

一、突发事件及预案

1. 突发事件

突发事件指的是突然发生的、影响面广泛的、出乎民众和社会正常心理承受能力之外的事件，是区别于正常的社会机制下可以容纳的事件，具有突发性、严重性、影响广泛性的特点。

2. 突发事件的种类

从物业管理的管理实践来看，突发事件主要有：常见治安情况处理，如管辖区域内出现行迹动作可疑人员、发生打架斗殴事件、发生住户被盗窃事件等；常见刑事案件，如发生凶杀案件、犯罪分子入室抢劫等；发现可疑爆炸物品、接到恐吓电话；遇到自然灾害，如台风、雪灾、洪涝灾害等；停水停电停暖停气、火灾等事件，以及其他不可预见的突发事件。

3. 突发事件处理预案及编制程序

突发事件处理预案是指为应对意外事故或突发事件发生，为维护业主和使用人的利益，物业服务公司根据物业管理辖区内的基础条件，以专业知识技能和训练有素的快速处置能力尽快处理问题，采取应对措施，将损害和不良影响降低到最低限度的方案。突发事件处理预案面对突发的紧急状况，为维护业主和使用人的利益，应体现专业知识技能和训练有素的快速处置能力、有效的应对措施，宗旨是保护生命第一，保护财产第二。

物业服务企业在接管物业时就应该制定突发事件处理预案，对可能发生的突发事件要有安全防范和紧急疏散的计划与措施。对突发事件的处理预案还要细分到各部门及其职工，制定详细的计划和目标。

(1)编制预案应充分考虑突发事件的过程，做到事前预防，有备无患。在物业管理服务过程中，部分隐患是完全可以依靠从业经验、专业技术水平等来预先识别的。对部分存在的隐患要做到摸底、清查、整理和分类，在物业管理的早期介入，做到事前预防。要做好事前预防工作，可以从以下几个方面入手：识别可知的安全隐患；充足的应急物资准备；对突发事件处理预案的演习。

（2）对突发事件的事中处理。对于一些没有预案控制的事件，就要靠物业管理人员的综合素质来灵活应付了。需要把握如下原则：统一指挥、服从命令、主动出击、灵活处理、安全第一、团结协作等。

（3）对突发事件的事后改进，要进行全面总结，为防止类似事件再度发生。制定纠正措施，修改原预案误漏之处，编制缺乏的预案，有针对性地开展培训。

案例分析

预案带来的效率

某住宅小区，大部分房屋为20世纪五、六十年代建造的，小区内的电源进表线容量较小，用电高峰时故障频发。2012年8月中旬的某个晚上11时，气温在37℃左右，忙碌了一天的业主正在享受着空调送来的丝丝凉风，突然间整幢楼里一片漆黑，空调戛然而止，显然是由于用电量过大，部分架空线及进表线烧毁所致。

接到报修后，小区物业管理处马上启动处理突发事件应急预案。该公司的应急预案程序是：

1. 突发事件一经发生，当事人或知情人同时向小区物业管理处报告，管理处根据事件的类别立即做出反应，报告上级，派员解决。在解决的过程中，需要向公司有关部门求助时，有关部门立即主动配合与支持。

2. 监控中心值班员接到报修后，立即通报相关方位的固定岗和巡逻岗保安人员迅速赶往事发现场，查明缘由并将现场情况立即报告监控中心。在时间紧迫的情况下，管理处可以采取边向公司报告边自行处理的方法，对事件直接进行应急服务。

3. 突发事件的应急服务由经理负责统一指挥，如经理不在，由保安部主管负责统一指挥。

4. 在紧急情况下，有权调动公司一切现有的资源，全权处置后，再进行总结。如有偏差，待处理下次类似事件时，再吸取教训。

5. 应急服务过程中涉及公司以外的人和事统一由公司行政部门对外交涉。

6. 突发事件的事发报告、应急服务过程及事后结果报告由管理处写好，报公司领导。

7. 突发事件的起因经调查分析，通报给相关人员吸取教训。

这一预案发挥了独特作用，不到20分钟，5名设备维修工带好工具、材料到达现场，经过一个多小时的紧急抢修，整幢房子的电源恢复正常，空调又吹起了凉风。

评析：对突发事件的应急处理，是检验物业公司综合能力的试金石。俗话说："台上一分钟，台下十年功"。物业公司有一个好的应急预案，平时又加强训练，才能临危不乱。

二、常见突发治安事件的处理

1. 可疑情况的处理

保安员在站岗或巡逻时，经常会碰到一些可疑情况，对可疑情况要根据其严重程度采取相应的措施。下面介绍几种常见的可疑情况及其处理方法。

（1）冒烟。了解确切的冒烟口，了解冒烟的原因（着火、电线短路等），并上报处理。

（2）冒水。了解冒水的确切位置和冒水的原因（上水管、下水管冒水、下雨等），及时堵漏并上报处理。

（3）有焦味、硫酸味或其他化学品异味。寻找味源，如因电源短路造成，要及时切断；如是其他化学品异味，要及时封锁现场，并通知有关部门处理。

（4）在大厦通道游荡（借口找人却说不出被访者的单位及姓名）的人。密切观察其举动，必要时劝其离开。

（5）发现有人身上带有管制刀具、钳子、螺丝刀、铁器等工具。询问、核查其携带工具的用途，如用途不明的，带回保安值班室处理，或者送当地派出所。

（6）在偏僻、隐蔽地方清理皮包或钱包的人。立即设法拦截，询问验证，如属盗窃、抢劫财物的，送交公安机关处理。

（7）自行车或摩托车无牌、无行驶证，有撬损痕迹的，或将没开锁的自行车背走或拖走的，当即扣车留人，待查明情况后再放行。

（8）机动车拿不出行驶证，说不出车牌号，没有停车证的，立即联系停车场车管员，暂扣车钥匙，约束其人，待查明情况后再放行，如情况不明的，送公安机关查处。

（9）遇到保安员即转身远离或逃跑的人，设法拦截（用对讲机向其他保安员通告）、擒获，并带到保安值班室处理，查明原因后根据情况放人或送公安机关处理。

2. 发生打架、斗殴案件的处理

（1）积极果断劝阻双方离开现场，缓解矛盾，防止事态扩大，不要因双方出手时误打到自己而介入，同时立即向值班领班报告。

（2）如事态严重，有违反治安管理行为甚至犯罪倾向的，通知当地公安机关前来处理，或将行为人扭送公安机关处理。

（3）提高警惕，防止坏人利用混乱偷窃财物。

（4）说服围观群众离开，保证所辖范围内的正常治安秩序。

3. 发生盗窃案件的处理

（1）发现盗窃分子正在作案，应立即抓获，并报告管理处及公安机关，连同证物送公安机关处理。

（2）如果是盗窃案发生后才发现的，立即报告管理处及公安机关，同时保护好案发现场，重点是犯罪分子经过的通道、爬越的窗户、打开的箱柜及抽屉等，不能擅自让人触摸现场痕迹和移动现场的遗留物品。

（3）对重大案发现场，可将事主和目击者反映的情况，向公安机关作详细报告。

三、常见突发刑事案件的处理

1. 发生凶杀案件的处理

(1)如发现歹徒正在作案,应设法制服、阻拦歹徒,并召集各岗位保安员配合,同时,迅速向上级和公安机关报案,如有伤员迅速送附近医院救治。

(2)如事后接到报告,则保护案发现场,禁止无关人员进入,以免破坏现场遗留的痕迹、物证,影响公安人员勘查现场,收集证物和线索。

(3)案发时,前门岗及后门岗要加强戒备,对外出人员、车辆逐一检查登记。

(4)登记发现人和事主的情况,抓紧时机向发现人和周围群众了解案件、事故发生发现经过,并做好记录。

(5)案发时的现场人员一律不能离开,等待公安人员询问。

(6)向到现场的公安人员汇报案情,协助破案。

2. 遇到犯罪分子抢劫的处理

(1)在执勤中遇到犯罪分子公开使用暴力进行打、砸、抢、强行夺取他人钱财时,应迅速制止,同时呼叫附近保安和周围群众一起制止犯罪,并立即报警。

(2)如劫匪逃离现场,要向目击者问清劫匪的人数、衣着颜色和逃走的方向,并立即组织群众堵截;对驾车逃跑的,应记下车牌号码并报警及拦车追堵。

(3)保护抢劫现场,不要让群众进入现场,如现场在交通要道或公共场所人多拥挤的地方,无法将证物留放原处时,要收起交公安机关。

(4)访问目击群众,收集劫案情况,做好记录并提供给公安机关。

(5)事主或在场群众若有受伤的,要立即送医院并做报告。

3. 发生案件的处理

若在管辖区域内发生案件,应采取下列步骤以协助破案:

(1)立即报案并留在现场直至公安人员到达。

(2)切勿移动或容许他人移动、触摸现场物品,保留现场证据,方便取证工作。

(3)禁止任何人在现场走动,并礼貌地劝阻闲人进入现场,以方便公安人员现场调查。

(4)向公安人员提供有关案件详情。

四、突发爆炸紧急情况的处理

1. 收到被放置爆炸物品信息时的处理

(1)得知被放置爆炸物品,或者接到扬言爆炸的恐吓电话时,要保持镇静,认真记录,同时以最快速度报告上层管理者,并立即向当地公安机关报案。

(2)由管理处经理负责立即成立防爆炸指挥部,增派保安加强对出入人员或形迹可疑人员的防范,认真查验证件,检查携带物品。

(3)立即通知各门岗,检查车库是否有遗失包物,并加强巡逻,发现无主物品不要随便触碰,立即上报,并报公安机关,请求协助。

(4)确定确有爆炸物品时,立即疏散人员,同时请求公安机关协助处理。

2. 发生爆炸事件时的紧急处理

(1)值班人员接到发生爆炸报告后,立即赶到现场,确认后立即向公司最高领导层报告,同时向公安机关报案,如引起火灾即刻报 119 火警;如有人员伤亡,立即向 120 急救中心呼救，并派人迎候公安、消防、急救部门的车辆、人员，引导其进入现场。

(2)立即成立临时指挥部，由物业管理公司最高当值、工程部、物业部人员组成。

(3)工程人员迅速切断必要电源，保安人员组织疏散爆炸现场附近的客户，并在距爆炸中心 30 m 处设警戒线，禁止无关人员进入，同时，组织保安及物业员工在公共区域巡视，检查是否还有可疑爆炸物。

(4)消防监控中心高度戒备，监视有无火灾等可疑情况，各在岗员工也要坚守岗位，密切注意有无可疑情况。

(5)工程部负责提供楼层平面图，供公安人员破案时使用。

五、突发自然灾害事件的处理

在遇到台风、潮汛等自然灾害时的处理方法：

(1)接到防风、防汛的通知后，管理处主任进行总动员，并根据各部门职责做出具体工作布置，积极做好抢险准备工作。

(2)物业部要张贴通知于大堂，要求业主(租户)关好门窗，做好应急准备工作；在险情到来之前巡查大厦，做好补救措施，尽量消除有害隐患，降低损失程度；检查高空悬挂物是否牢固，防止坠落；消防监控中心及保安员加强警戒，以防其他事件发生。

(3)工程部要准备好防汛工具，加强值班力量，保证人力充足；保证地面排水通道畅通；必要时放下防洪闸。

(4)每次防风、防汛工作结束后，各部门均要填写紧急情况处理记录，并由部门负责人签字上报存档。

六、突发停电、停水事件的处理

1. 接到停电、停水通知后，张贴通知，告知全体用户，请用户配合关闭室内各种电器设备(照明除外)。

2. 准备充足的照明工具，保安员及物业管理员逐层检查备用照明设备的配备情况，保证停电后照明系统正常启用。

3. 工程部负责后备电源启动的具体操作工作。

4. 物业部最高当值对各部门的准备工作做统筹安排及最后确认后，通知各部门准备转电。

5. 市电转为备用发电。正式转电前，要检查低压电房，确认设备及人员准备就绪；在监控室查看客户乘电梯情况，在确认无人乘梯情况下，通知工程部停梯，再通知低压电房开始断电，转电工作完成后，最高当值通知工程部开梯。供电转入正常后，最高当值仍要在监控室观察电梯运行情况，在正常运行半小时后方可离开。

6. 备用发电转为市电程序(同5)。

7. 保安员加紧巡逻，防止盗窃、火灾等事件发生。

8. 接到停水通知后，工程人员将蓄水池的水注满。

突发事件，件件都关系到业主生命与财产的安全，若没有一个好的应急预案，就很难在关键时刻从容应对。事件的突发性和紧急性要求物业管理人员及时、准确地应对，把业主的损失降低到最小限度。为确保及时有效地解决问题，物业公司不但要备有各种应急处理预案，还要提前培养有应急服务技能的队伍，并能够对事件的起因和变异做好调查分析，预防并处理突发事件。

拓展提高

现场救护技术（止血技术）

人体受到外伤之后，往往首先看到出血。成人的血液占其体重的7%～8%（男占8%，女占7%）。一个体重50公斤的男性，血液约为4 000毫升。失血总量达总血量的20%时，出现头晕头昏、脉搏增快、血压下降、肤色苍白、出冷汗及尿量减少等症状。当外伤大出血时，失血量超过总血量的40%时就会引起生命危险。因此，止血是救护中极为重要的一项措施，必须迅速、有效地进行止血。

1. 指压止血法

用手指压迫出血的血管上部（近心端），用力压向骨方，以达到止血目的。此法适用于头部、颈部和四肢外伤出血，是临时止血的措施。

（1）头顶部出血：在伤侧耳前，对准耳屏上前方1.5 cm处，用拇指压迫颞动脉。

（2）颜面部出血：用拇指压迫伤侧下颌骨与咬肌前缘交界处的面动脉。

（3）鼻出血：用拇指和食指压迫鼻唇沟与鼻翼相交的端点处。

（4）头面部、颈部出血：四个手指并拢对准颈部胸锁乳突肌中段内侧，将颈总动脉压向颈椎上。但不能同时压迫颈部两侧的颈总动脉，以免造成脑缺血坏死。颈总动脉压迫止血时间也不能太长，以免引起化学和压力感受器反应而危及生命。

（5）肩、腋部出血：用拇指或用四指并拢压迫同侧锁骨上窝，向下对准第一肋骨，压住锁骨下动脉。

（6）上臂出血：一手抬高患肢，另一手四个手指对准上臂中段内侧，将肱动脉压于肱骨上。

（7）前臂出血：抬高患肢，压迫肘窝处肱动脉末端。

（8）手掌出血：抬高患肢，压迫手腕部的尺、桡动脉。

（9）手指出血：抬高患肢，用食指、拇指分别压迫手指掌侧的两侧指动脉。

（10）大腿出血：在腹股沟中点稍下方，用双手拇指或肘部压迫股动脉。

（11）足部出血：用两手拇指分别压迫足背动脉和内踝的跟腱之间的胫后动脉。

2. 加压包扎止血法

棉花做成软垫放在伤口上，用消毒的纱布用力加以包扎，以增大压力达到止血的目的。此法应用普遍，效果也佳。

3. 屈肢加垫止血法

当前臂或小腿出血时，可在肘窝、腘窝内放以纱布垫、棉花团或毛巾、衣服等物品，屈曲关节，用三角巾、绷带或领带等作“8”字形固定。但有骨折、骨裂或关节脱位者不能使用。

4. 绞紧止血法

用三角巾折成带状或用布条作止血带，在肢体出血点上方绕患肢打一个活结，活结朝上，避开中段，取一根小棒或代用物穿在带形外侧绞紧，绞棒的另一端插在活结小圈内固定。

5. 橡皮止血带止血法

常用的止血带是长1米左右的橡皮管。方法是：掌心向上，止血带一端由虎口拿住，留出五寸，一手拉紧，绕肢缠一圈半，中、食两指将止血带末端夹住，顺着肢体用力拉下，压住余头，以免滑脱。

思考练习

一、填空题

1. 常见刑事案件的处理有____________、____________、____________。

2. 常见治安情况的处理有____________、____________、____________。

二、选择题

1. 物业管理治安防范管理中遇有违法犯罪分子正在进行盗窃、抢劫、行凶、纵火等违法犯罪活动时，应立即报警，协助公安机关制止，并采取积极措施予以抢救、排险，尽量减少损失。对于已发生的案件，应(　　)，以便公安机关进行侦查破案。

A. 做好现场的保护工作　　B. 做好辖区客户的安抚工作

C. 尽量封锁信息以免误传　　D. 积极主动开展现场调查

2. 遇到有人在公共区域聚众闹事，除立即向公安机关报告外，还应及时(　　)。

A. 上报上级领导　　B. 报告本区居委会

C. 报告街道办事处　　D. 报告房地产行政主管部门

3. 突发事件的事前预防程序不包括(　　)

A. 识别可知的安全隐患　　B. 人员的培训

C. 应急物资的准备　　D. 突发事件处理预案的演习

三、简答题

对于突发的打架斗殴事件如何处理？

单元要点归纳

物业安全防范管理是物业服务公司为防盗、防破坏和防灾害事故，保障物业服务公司所管物业区域内的人身、财务安全，保护业主的正常生活工作秩序，对所管物业进行的一系列管理活动，主要工作是防止破坏和损失，具体可分为门卫、巡逻和监控。安全防范管理的基本要求既要做好日常安全防范工作，又要防止事故或盗窃的发生。

物业安防队伍的建设与管理，首先要设置合理的安防管理机构，划定岗位职责。安防管理的机构设置与所管物业的类型、规模有关，物业管辖的面积越大，类型配套设施越多，班组设置也越多越复杂。组建安防队伍首先要招聘合格的秩序维护员，应该优先选择优秀退伍军人、党员、团员，他们纪律性强，综合素质高，集体意识好，又好学上进，具备从事物业管理服务的先决条件。

门卫是指大门或门口的守卫。门卫管理的主要任务包括：依据国家的有关法律、法规、政策和客户单位的相关规章制度，对出入大门的人员、车辆、物资进行严格的检查、验证和登记，防止不法分子进入保安区域，防止物资丢失，防止私自将危险物品带入内部，防止失密、窃密情况发生，以维护客户单位内部的治安秩序，保证其人、财、物的安全。门卫服务的基本要求可以概括为“四要”：执行制度要严格，查验人、物要细致，处理问题要灵活，上岗执勤要文明。

安防巡逻管理是指保安员在物业区域范围内，为发现、制止各种不良违规行为，消除辖区内的安全隐患，维护正常的工作和生活秩序而进行的巡视、检查、警戒等系列活动的总称。巡逻管理的主要任务是：有效地防止物业区域内各种案件、事故的发生，依法同各种违法犯罪行为作斗争，维护正常的工作和生活秩序，维护物业区域的安全。

监控管理就是物业公司为安装了智能化安防设施设备的小区，专门配备24小时监控人员，以此监控意外情况的发生，并在第一时间做出反应的系列活动。在现代智能建筑中，往往将安防监控中心、防火管理中心和设备管理、信息情报管理结合在一起，形成防灾中心或监控中心。

危险源是指一个系统中具有潜在能量和物质，释放危险的、可造成人员伤害、财产损失或环境破坏的、在一定的触发因素作用下可转化为事故的部位、区域、场所、空间、岗位、设备及其位置。物业管理中的危险源可以从职业安全、消防管理、车辆管理、公共区域安全、泳池安全、治安六方面进行分析。

突发事件指的是突然发生的、影响面广泛的、出乎民众和社会正常心理承受能力之外的事件，是区别于正常的社会机制下可以容纳的事件，具有突发性、严重性、影响广泛性的特点。突发事件处理预案是指为应对意外事故或突发事件发生，为维护业主和使用人的利益，物业服务公司根据物业管理辖区内的基础条件，以专业知识技能和训练有素的快速处置能力，尽快处理问题、采取应对措施，将损害和不良影响降低到最低限度的方案。

第三单元　物业消防管理

单元概述

消防管理是公共秩序管理服务的一项重要工作,它直接关系到用户的生命财产安全。消防工作的目的是为了预防物业火灾的发生,最大限度地减少火灾损失,为用户提供安全环境,保障其生命及财产安全。为了做好物业的消防安全管理工作,物业服务企业应着重加强对辖区内业主的消防安全知识宣传教育及消防安全检查,并建立义务消防队伍,完善消防管理制度,加强消防设施设备的完善、维护和保养工作。

单元目标

- 能了解必要的消防基础知识
- 能理解物业消防管理的基本知识
- 能掌握物业消防管理的基本内容
- 能掌握物业消防管理的基本制度
- 学会制定物业消防应急预案和演练方案

学习任务1 消防基础知识

任务概述

消防包括两个方面的内容，即防火和灭火。防火是指防止火灾发生和限制其影响的措施；灭火是指熄灭并阻止物质燃烧的措施。在时间或空间上失去控制的燃烧所造成的灾害叫火灾。为了更好地理解灭火原理，首先应该了解燃烧条件。在我们周围随时可以看到许多的燃烧现象，这些燃烧现象有共同的特征，既有热量放出，亦有发光或发烟现象。从化学角度而言，一切燃烧过程都属于氧化－还原反应，燃烧是可燃物与氧或氧化剂作用发生的放热化学反应。这一反应通常伴有火焰和（或）发光和（或）发烟现象。

任务目标

- 能了解燃烧的条件和燃烧的分类
- 能理解预防火灾的基本措施
- 能掌握火灾扑救的基本方法
- 能了解火场中热烟气的一般毒害作用
- 能了解火灾蔓延的基本知识

学习内容

一、燃烧条件

1. 有可燃物

凡是能在空气、氧气或其他氧化剂中发生燃烧反应的物质都称为可燃物，如木材、纸张、汽油、酒精、氢气、乙炔、钠、镁等。可燃物从化学组成上分为有机可燃物和无机可燃物；从物质状态上分为气体、液体、固体可燃物。不同的可燃物的燃烧难易程度不同，同一可燃物的燃烧难易程度也会因条件改变而改变，甚至在一定条件下为不燃物，而在另一定的条件下成为可燃物。如铁、铝等在空气中是难燃物质，而在纯氧中则能发生剧烈的燃烧。

2. 有助燃物

凡能帮助和支持可燃物燃烧的物质都叫助燃物，如空气、氧、氯酸钾、过氧化钠、浓硝酸、浓硫酸等。发生火灾时，空气是主要的助燃物。必须指出，有时可燃物和助燃物是合二为一的，这类物质在燃烧过程中发生分解反应，如硝化甘油的爆炸就是一个典型的例子。

3. 有着火源

凡能引起可燃物质燃烧的热能源均称为着火源(也称点火源)。着火源可以是明火,也可以是高温物体,它们可以由热能、化学能、电能、机械能转换而来。电器开关、电器短路、静电等产生的电火花,炉火,烟头,火柴,蜡烛等,是常见的引起火灾的着火源。另外,金属与金属、金属与岩石之间的撞击、摩擦所产生的火星,其温度可达 1 000℃以上,可引燃可燃气体、可燃液体蒸气以及棉花、干草绒毛等物质。雷电是很强烈的放电现象,其电火花往往是古建筑、森林的着火源。

二、燃烧的分类

由于热源的产生和性质不同,使着火表现出不同的形式,据此将着火分为如下三种:

1. 强迫着火,又称点燃或引燃

指可燃物的局部地区受到火花、炽热物体、引燃火源等明火源加热着火、燃烧,然后依靠燃烧波传播到整个可燃物中去。大多数火灾就是通过这种着火方法发生的。

2. 受热自燃,又叫热自燃

没有明火直接作用,而靠外界加热引起燃烧的过程。

3. 化学自燃

指在没有外来热源的情况下,由于体系内发生了某种物理化学过程,从而产生热量,使体系温度升高,并发生燃烧的方式。受热自燃和化学自燃统称自燃,两者的不同点在于热的来源不同。从消防安全角度看,化学自燃的特点是具有隐蔽性,着火前一般不易发现。

三、预防火灾的基本措施

1. 控制可燃物

在可能的情况下,用难燃和不燃材料代替易燃材料;对工厂中易产生可燃气体的地方,可采取通风措施加以排除;对生产可燃气体和液体的设备,应尽可能防止可燃物的跑、冒、滴、漏现象发生。

2. 隔绝空气

涉及易燃易爆物质的生产过程,应在密闭设备中进行;对有异常危险的,要充惰性气体进行保护;对某些特殊物质,应隔绝空气贮存,例如金属钠存于煤油中,白磷存于水中等。

3. 消除着火源

在易产生可燃性气体的场所,采用防爆电器,同时禁止一切火种。

四、火灾扑救的基本方法

1. 隔离法

将尚未燃烧的物质移走,使其同正在燃烧的可燃物分开,燃烧得不到足够的可燃物,火就会熄灭,如切断可燃气来源、移走剩余的可燃液体等。

2. 窒息法

窒息法就是隔绝空气,使可燃物得不到足够的氧气而停止燃烧,例如用不燃或难燃的物质捂盖燃烧表面,用水蒸气或惰性气体灌注容器设备,封闭起火的建筑和设备的孔洞,用泡沫覆盖燃烧表面等。

3. 冷却法

即把燃烧着的物体温度降低，当可燃物的温度低于其燃点时，燃烧便停止，如用水扑灭火灾时，主要是冷却法起作用。

4. 抑制法

这种方法的原理是使灭火剂参与到连锁反应中去，使燃烧过程中产生的自由基消失，而形成稳定的分子或低活性的自由基，使连锁反应中止。大家熟悉的1202、1301 、1211 等均属这类灭火剂。

五、火场中热烟气的一般毒害作用

据统计，火灾中人员死亡的原因，因烟气和毒气直接致死的占 40% ，加上由于中毒晕倒后被烧死的，则占一半以上。因此，了解火灾中燃烧产物对人体的毒害作用，对保护人民群众生命安全具有重要意义。

1. 缺氧

人无时无刻不在进行呼吸，吸进氧气，呼出二氧化碳。正常空气中氧占 21%（ 体积分数）。在火场中，由于可燃物的燃烧使火场中氧的含量减少，特别是密闭环境中，例如冬天紧闭的房间，一旦着火，火场中的氧气会迅速下降。当空气中氧含量低于 16% ~12% 时，人会出现头痛，呼吸急促，脉搏加快；当氧含量低于 14% ~9% 时，人判断能力迟钝，出现酩酊状态，产生紫斑；当氧含量低于 10% ~6% 时，人意识不清、痉挛、致死。

2. 高温气体的热损伤

火场中，由于可燃物多，火灾发展迅速，火场气体温度升高很快。根据一般室内火灾升温曲线，着火中心 5 分钟后，即可升高到 500℃ 以上。人体呼吸系统中的鼻腔、气管及支气管的内黏膜和肺泡组织很娇嫩，吸入的气体温度超过 70℃，就会使气管、支气管内黏膜充血，出血起水泡，组织坏死，并引起肺扩张、肺水肿而死亡。

3. 热烟尘的毒害作用

火灾中的热烟尘由燃烧中析出的碳粒子、焦油状液滴，以及房屋倒塌、天花板掉落时扬起的灰尘组成。这些烟尘吸入呼吸系统后，堵塞、刺激内黏膜，其毒害作用随烟尘的温度、直径不同而不同，其中温度高、直径小、化学毒性大的烟尘对呼吸道的损害最严重。烟尘直径在 5 μm 左右，一般只停留在上呼吸道，3 μm 左右的则进入支气管，1 μm 的烟尘会进入肺泡。进入呼吸道的烟尘会由气管壁上的纤毛运动被输送到咽头而咳出或吞入胃内。

六、火灾蔓延

1. 火焰

在气相物质中的燃烧均产生火焰。某些固体物质在高温中能分解出可燃气体，燃烧时也能产生火焰；另一些固体（如木炭、金属）燃烧时，则仅有发光发热，而不产生火焰。液体可燃物（如酒精）先受热蒸发、固体可燃物（如石蜡）受热熔化再变化为可燃气体，燃烧时也产生火焰。火焰通常从外到内分为三层：

（1）外焰：可燃气体与空气接触、混合、充分燃烧，温度最高，但不明亮，呈淡蓝色。

（2）内焰：可燃气体不完全燃烧，伴有炭粒形成的部分，明亮、橙黄色，温度稍次于外焰。

(3)焰心:可燃物质受热分解、蒸发、熔融气化而未燃烧的部分,暗区,温度最低。

几种可燃物质的火焰温度如下:酒精 1 700℃,蜡烛 1 400℃,乙炔和氧气 3 800℃,一氧化碳和氧气 2 600℃。高温与色相的关系如下:初期的红色为 500℃,橙黄色为 1 100℃,白色为 1 300℃。可燃气体向静止的空气中喷出时,一般形成层流扩散焰,火焰的长度与方向受可燃气体喷射的速度和方向影响,而且气体喷射的速度越高,火焰也越长。当外界空气流动形成风时,火焰的方向随风向改变;当外界空气流速大,形成乱流时,火焰的长度几乎形成定值。

2. 火势影响因素

建筑物发生火灾时,火焰的温度、长度和方向都是火灾损失、火灾蔓延的重要因素。而实际火灾中火势的大小还与可燃物种类、堆放方式、空气流通情况等有关,许多实际火灾的记录,对人类认识火灾是有益的。如:1985 年 1 月 30 日昆明橡胶一厂化工原料仓库(橡胶、松香、石蜡、硫黄等)起火,火焰裹着黑色浓烟高达 40 ~ 50 米;1985 年 5 月 11 日黑龙江德都县龙镇车站储木场原木起火,火焰高达 30 米以上;1986 年 3 月 30 日大庆林原炼油厂蜡油罐起火,火焰高达 10 米以上;1986 年 9 月 18 日上海二轻局大楼高档进口商品陈列室大火,呼呼窜出的火舌长达 2 米左右。

3. 火灾的蔓延

火灾的蔓延不单是火焰引起各种可燃物质燃烧的结果。燃烧除必须有可燃物质、氧气外,还必须积蓄一定热量,使可燃物温度达到燃点,燃烧过程才能发生。因而,通过各种热传播途径(热传导、热辐射、热对流等)积蓄热量,或由于风力助威、熔融物滴落、可燃物飞溅或飘落,都可能使火灾迅速蔓延。

(1)火灾在楼层内的水平蔓延:建筑物内的起火房间,开始时往往只有一处,随后整个楼层起火,究其原因主要是内墙上的门未能把火挡住,使火灾通过门和走廊在楼层内的水平方向进行了蔓延。

从内墙上的门喷向走廊的热气流,其动力一是燃烧产生的压力,二是高温烟气自身的浮力。热气流通过内墙门,经过走廊,再经过相邻房间的门进入相邻房间。如果起火房间的门和邻近房间的门都不曾开启,那么对火灾在楼层内的水平蔓延会起到一定的控制作用。如果走廊内有可燃的内装修材料,则热气流会很快将其点燃,助长火灾在楼层内的水平蔓延。如果一个楼层有数个防火分区,则这种水平方向的蔓延一般只在同一个防火分区内进行 。

(2)火灾在建筑物内的垂直蔓延:火灾在建筑物内的垂直蔓延一般有两种渠道,一是通过接板上的孔洞及竖向井道,二是通过外墙窗口。由于上下交通联系及管线垂直穿越等功能的需要,其内有许多竖向的井道及开口位,如楼梯间、电梯井、管道井、电线井、垃圾井等,这些井道和开口部位大都贯穿全楼,犹如一座座烟囱,当发生火灾时,由于竖井的强大抽力作用,会使烟气迅速向上部楼层蔓延。高温烟气在竖向井道中向上蔓延的速度为每分钟 3 ~ 5 米。起火房间的温度很高时,如果烟气中含有过量未燃烧气体,则高温烟气从外墙窗口排出后会形成火焰,这将会引起火势向上层蔓延。如:1985 年 4 月 23 日湖南辰溪县辰阳镇龙门旅社，金属烟囱管辐射热引燃天花板，烧毁房屋200多幢，损失320万元；1985年5月23日伊春市某居民抽烟引燃木板棚，受6~7级西南风影响，使大火波及七条街，烧毁各类建筑88 520平方米，直接经济损失2 097万元，火场由“豹斑式燃烧”迅速扩展为20万平方米，一片火海；1985年6月20日青海冷湖地区2号油井井喷，火焰蹿起几十米高，井口附近温度达1 800～2 100℃，强烈的热辐射使距井口约100米的木板房、茅草等烤着起火；1985年8月19日西安飞机制造业红安公司用氧炔焰气割，火种落入地下仓库，火灾燃烧123小时，烘烤与射水使库房下沉30厘米，混凝土顶板裂缝45毫米，部分钢筋外露，火场能见度仅1~2米；1985年10月28日天津二钢2号炉试氧时，输氧管道发红引起钢铁燃烧，高压纯氧助威，随着发红的输氧管道一声巨响，气流从管道内冲出，6米长的一段钢管顷刻熔化，钢水四处倾泻，又穿透平台上的钢板，架设管道的走廊顿时一片烈焰，总调度、总指挥等9人丧生；1986年7月15日台湾高雄饭店地下室石化产品着火，沿楼梯化纤地毯蹿火，高温烟气很快使火灾蔓延到10楼。

拓展提高

生活用火的防火

火在人们的生活中是不可缺少的组成部分，目前有些用火正被电气所代替，但明火的使用仍很普遍，如吸烟、照明、驱蚊、宗教活动用火等。由于生活用火不慎极易引发火灾，给城乡居民带来巨大的损失，影响人们的正常生活和社会秩序，因此，加强生活用火的管理是非常必要的。

一、吸烟

1. 火灾危险性

燃着的香烟头能引起许多物质起火。因为烟头的表面温度为200~300℃，中心温度达700~800℃，足可以点燃棉、麻、纸张等固体物质，更易引起各种可燃气体的燃烧。在下列情况下吸烟更具危险。

(1)在有蒸发易燃气体或有可燃物的地方吸烟，可使易燃气体爆炸燃烧，失落在可燃物内的火星、烟头可使可燃物质燃烧。

(2)乱丢烟头或含着香烟寻物等疏忽大意，燃着可燃物起火。

(3)躺在床上吸烟或醉酒吸烟，烟头触及可燃物起火。

2. 防火措施

(1)严禁在一切易燃易爆单位、物资仓库和其他一切禁烟区内吸烟。

(2)禁止在维修汽车和清洗机械零件时吸烟。吸烟时应到安全地带，烟头未熄时不得带入工作场所。

(3)纠正不良的吸烟习惯，如不准躺在床上或沙发上吸烟，不准在劳动和寻物时吸烟，不准乱丢烟头和火柴梗、乱磕烟灰，更不准将引燃的烟头随处乱放等。

(4)禁止大风天在室外或野外吸烟，不准带火柴、打火机等火种进入山林。

(5)制定有关吸烟防火的规章制度，提倡和宣传戒烟。

二、灯火照明

1. 火灾危险性

(1)使用电器照明，灯具表面温度过高，玻璃壳受热不匀及水珠溅到高热的灯泡上发生爆裂，掉下的玻璃碎片或灯丝会使可燃物起火。灯头接触不良、灯头与玻璃壳松动、电气线路破损、接头松动等也可引发火灾。

(2)使用明火照明，明火与可燃物过近，油灯、蜡烛等被碰翻，明火给油灯加油，点着的蜡烛放在可燃物上，用火把、松枝指路或寻找失物等，引燃附近的可燃物，会引发火灾。此外，油灯外的油垢被引燃后会蔓延至整个灯体可引起燃烧或爆炸。

2. 防火措施

(1) 采用电气照明的灯具应与可燃物保持一定的安全距离，灯具不得用纸、布等包裹。灯具距地面应高于2米，下方也不可堆放可燃物。灯具所选用的导线应合适，不得随意更换大功率灯具，不得乱拉乱接电线电器。在易受碰撞场所，应安装金属或其他网罩防护。灯具所使用的镇流器，不准直接安装在可燃构件上，应使用不燃材料隔垫。

(2)采用明火照明时不要靠近可燃物，最好放在由不燃材料制作的专门“灯龛”内，蜡烛基座应采用不燃材料。使用油灯要加玻璃护罩，并经常清除灯体及罩上的油垢，给油灯加油时必须先将灯火熄灭。对“长明灯”更要严加管理。

三、小孩玩火

1. 火灾危险性

喜欢玩火的小孩，一般年龄多在5～12岁，主要表现在学大人做“假烧饭”游戏，在床下或其他黑暗角落划火柴，模仿大人吸烟，在炉灶旁烤、烧食物，随意焚烧废纸、柴草，玩弄火柴、打火机及开关液化气炉具，在室外点火取暖，在可燃物附近燃放烟花爆竹，以及进入危险厂房、仓库内点火玩耍等，极易起火成灾。

2. 防火措施

(1)家长应对孩子加强管教，使他们认识到玩火的危险性，做到不玩火。要把火柴、打火机等放在孩子拿不到的地方，家中的煤气炉灶(液化气炉灶)等不要让孩子随意开启。对孩子模仿大人吸烟的行为要制止，不准孩子在柴草堆旁或野外玩火。室内、可燃建筑、柴草堆等场所禁止孩子燃放烟花、爆竹，更不准孩子摆弄鞭炮中的火药。家长外出时不能将孩子独自留在家中或反锁在室内，应托人照看。

(2)幼儿园学校的老师，应对少年儿童进行防火教育，讲授防火安全知识，引导他们从小就树立防火观念。还可组织少年儿童参观消防队表演，观看防火教育影片等，使防火教育形象化、具体化。

(3)社会上有关部门和单位也应创造条件，特别是在寒假、暑假及农忙季节，把少年儿童组织起来，开展一些有益的活动，以减少小孩玩火的机会。

四、驱蚊

1. 火灾危险性

(1)在牲畜棚点火熏蚊不慎引燃垫地的干草、饲料及木栅栏等。

(2)点燃蚊香熏蒸驱蚊时，如果火源贴近纸张、布料、蚊帐等可燃物，极易着火。

(3)使用电蚊香驱蚊时,因电器短路或恒温发热原件烧毁失灵而引发火灾。

(4)喷雾杀蚊剂中许多采用去臭煤油、酒精、丙烷、丁烷等易燃易爆气、液体动力,喷杀时如附近有热源,易引发火灾。

2. 防火措施

(1)点火驱除牲畜棚内蚊子时,要先把周围打扫干净,与饲料、栅栏不可靠得太近。

(2)用蚊香驱蚊时,要远离可燃物,并放在铁支架上或瓷碗、铁盒里,最好用不燃的金属网罩隔开,人离开时应予熄灭。

(3)用电蚊香驱蚊时,应先检查导线、插头、热敏元件是否完好,每次用毕应拔掉电源插头,冷却后还要做好清理工作。

(4)使用喷雾剂时,凡有易燃易爆性质的应远离火源,驱蚊后应做好通风。

五、燃放烟花爆竹

1. 火灾危险性

(1)烟花爆竹若放置地方不当,受热或撞击、摩擦、压迫,极易爆炸起火。

(2)燃放时不注意周围环境,落在可燃物上使之起火燃烧。

(3)燃放爆竹后,带火的纸屑被风吹到周围的可燃物上引起火灾。

2. 防火措施

(1)城镇居民应严格遵守当地公安消防机关的规定,不在禁放地区燃放烟花爆竹。确需燃放的,须经当地公安机关批准,在指定地点燃放并采取严格的安全措施。

(2)农村村民燃放烟花爆竹应远离工厂、仓库、公共场所、农贸市场、易燃屋区、粮囤、加油站及其他重要场所。也不准在窗口、阳台、室内燃放。燃放后应仔细检查,发现余火残片碎纸应及时清理。

(3)小孩燃放烟花爆竹,应有大人在旁看管,并阻止他们燃放危险性较大的品种及取出烟花爆竹内的火药做其他玩具。

(4)禁止携带烟花爆竹乘坐汽车、火车、船舶和飞机。

六、宗教活动用火

1. 火灾危险性

宗教活动中使用的明火主要包括燃灯、点烛、烧香、焚纸等,特别在春节和宗教节日,更是香烟缭绕,烛火通明,稍有不慎,就会引发火灾。

2. 防火措施

(1)蜡烛应有固定烛台,或用低压灯泡代替,香、烛、灯等严禁靠近可燃物。

(2)在殿堂外应设置固定的金属香炉、烛台、化钱炉、香烛亭等,供群众焚香插烛专用,并设专人监管。

(3)进香群众在殿堂内"坐夜",等待"烧头香"时,不可使用灯笼照明。

(4)每日佛事结束后,除长明灯外,其他火种应当熄灭。长明灯本身要设固定灯座或置于瓷盆内,悬挂长明灯的绳子要牢固,长明灯内的油料不可加得太满。

(5)对进行宗教活动的群众应做好防火宣传,劝阻群众不要在狭小房间、森林等处焚烧纸钱、香烛等。

七、使用易燃物品

1. 火灾危险性

有些家庭为了方便，在家中储存汽油、柴油、香蕉水、油漆等易燃危险物品，如果保管或使用不当，极易引发火灾。在楼梯、过道上堆积大量的草包、箩筐、煤球、木料等可燃物，存在着极大的火灾危险性。

2. 防火措施

（1）凡生产、储存化学易燃物品的家庭，必须经当地公安消防机关审批同意，并加强防火管理，在住宅明显位置设“禁止烟火”防火警示牌。

（2）住宅楼梯间、通道上严禁堆放各种易燃可燃物，保持楼梯、通道畅通无阻。

（3）油漆家具的油漆、香蕉水和硝基木器清漆等，应随用随买，并存放在安全可靠的地方。

思考练习

一、填空题

1. 燃烧的条件是________、________、________。

2. 由于热源的产生和性质不同，使着火表现出不同的形式，据此将着火分为________、________、________三类。

3. 预防火灾的基本措施是________、________、________。

4. 火灾扑救的基本方法是________、________、________、________。

5. 发生火灾时，________、________、________都是火灾损失、火灾蔓延的重要影响因素。

二、选择题

1. 燃烧是一种放热发光的（　　）。

A. 化学反应　　B. 物理反应　　C. 光电反应　　D. 分解反应

2. 使灭火剂参与到连锁反应中去，使燃烧过程中产生的自由基消失，而形成稳定的分子或低活性的自由基，使连锁反应中止。以此原理灭火的方法是（　　）。

A. 隔离法　　B. 窒息法　　C. 冷却法　　D. 抑制法

3. 金属钠应当储存在（　　）中。

A. 水　　B. 空气　　C. 煤油　　D. 以上都不对

4. 火焰温度最高的部分是（　　）。

A. 外焰　　B. 内焰　　C. 焰心　　D. 以上都不对

学习任务2 物业消防管理的基本知识

任务概述

本任务主要介绍有关物业消防管理的基本知识，主要包括火灾预防知识、消防救灾应急程序、火灾如何扑救、发生火灾火警时的紧急疏散、常见火灾隐患的处置、常用消防器材的配备和常用消防器材的使用与养护等。

任务目标

- 学会火灾预防的相关知识
- 学会消防救灾应急程序
- 学会火灾如何扑救
- 学会发生火灾时如何紧急疏散
- 学会常见火灾隐患的处置
- 学会常用消防器材的配置
- 学会常用消防器材的使用和养护

学习内容

一、火灾预防

1. 执行消防检查制度

(1)秩序维护部消防秩序维护人员定时进行消防安全巡逻，做好检查记录，发现问题及时上报。

(2)定期由消防主管会同各部门防火负责人对物业管理区域进行消防安全检查，由消防监控领班对消防器材、设备、设施进行点检。

(3)消防主管应按时会同工程部专业人员对消防系统进行测试检查。

(4)每逢重大节日、活动前夕进行消防安全检查。

(5)突击检查消防监控值班情况及对系统操作的熟练性、规范性。

(6)每年(一般在年底)由项目经理会同各部门经理进行年终消防安全大检查，包括客户单元。

(7)所有检查过程中所发现的问题，由保安部及时发出整改报修通知，并在完成后进行复查。

2. 应对火灾的准备工作

(1)定期检查及保养消防设备,以确保设备正常。

(2)培训物业管理人员熟悉灭火设备的使用,包括各类水枪、灭火器的种类及使用范围和使用方法。

(3)制定及熟悉逃生路线(包括指导客户)。

(4)消防通道必须保持畅通无阻,防火门不能上锁。

(5)防火门必须保持关闭及没有损坏。

二、消防应急救灾程序

应急救灾程序是物业管理项目在受到火灾侵害的情况下所采取的应急方法,旨在尽力补救火灾给建筑物和人员带来的伤害,将人身及财产损失降到最低程度。消防应急程序包括:

1. 报警。物业管理区域内的人员在发现火灾险情后,均需立即向值班室报警。

2. 接到报警通知。火警经确认后,值班秩序维护员应立即告知秩序维护部、工程部及其他部门,并及时报告分管领导直到总经理。

3. 请求支援。火灾难以控制时必须拨叫 119 请求支援。

4. 明确领导或主管人员职责。

5. 按照疏散程序进行人员和物品的转移。

三、火灾扑救

物业管理企业应在初起火灾时,抓住时机,组织起义务消防队员,集中精力,迅速、果断地把火灾扑灭在初起阶段。要求做到:

1. 及时报警,组织扑救。

2. 集中使用力量,控制火势蔓延。

3. 消灭飞火(防止死灰复燃)。

4. 疏散物资,建立空间地带。

5. 注意安全。

6. 积极抢救被困人员。

7. 善后运作。拍片留证,估计损失及呈报详细的事件报告,通知消防保养公司检查系统,确定公安、消防机关及保险公司调查工作完成后,清理火灾现场。

四、发生火灾火警时的紧急疏散

1. 紧急疏散的措施

当火灾或其他意外事故(如爆炸)一旦发生,而又无法制止或控制险情,处于紧急状态情况时,就应立即报警,切断火源或事故源,并积极组织人员疏散。尤其是高层住宅和商贸楼宇,疏散路线长,人员分散,组织疏散困难大。

一般做法是:先及时切断火源,然后利用楼宇内的分割装置,如商场内的防火卷帘门等将事故现场隔断,阻止灾情扩大;组织人员通过紧急通道、疏散楼梯等迅速撤离,紧急情况下的疏散关键是组织工作,平时应进行一定的训练,以便有备无患。

2. 紧急疏散的程序

(1)疏散人员:火灾、火警发生时,火灾现场总指挥在指挥救火的同时应成立疏散领导小组,组织人员的疏散和撤离。小组任务是疏散建筑物内人员,抢救物资和伤员。疏散小组由各部门赶到火灾现场的最高负责人组成,具体任务如下:

①火灾指挥部下达客户和员工疏散命令,由总指挥通知消防中控室通过消防紧急广播系统发出疏散通知。

② 秩序维护部人员坚守岗位,防止无关人员进入,以免造成财产损失;将备用的照明器材发给秩序维护人员,在建筑物内设立安全区;办公室留人职守,随时接受应急命令;准备与医院或急救中心联络;在疏散通道指挥疏散,检查各房间内是否有人滞留。

③工程部将电梯停置在首层,检查轿厢内是否有人;切断与消防无关的全部电源;准备破碎门窗的工具,做好高层援救疏散的准备工作。首先应保证人员的生命安全,如果可以迅速制止险情。应尽快采取措施,这是保证人员安全的积极办法。如果发现不能制止事态扩大,则应尽快组织人员疏散。

(2)转移危险品:为了避免更大灾害,在可能的条件下尽量将危险品转移。

(3)抢救贵重财产:在人员安全有保证的前提下,可将贵重财产运送到安全地带。

(4)清点人员:疏散完毕后,各部门负责人对本部人员进行清点,确保人员的安全。

五、常见火灾隐患的处置

1. 煤气或液化石油器具火灾

煤气或液化石油器具发生起火时,应先用浸湿的麻袋、棉被覆盖在起火的器具上,使火窒息,然后关闭阀门断绝气源,再用水扑灭燃烧物或起火部位的火,灭火后打开门窗通风。

2. 油锅火灾

油锅起火时不要慌乱,将锅盖盖在油锅上即可使火熄灭,不可将起火的油倒入其他器皿中或倒在地上。

3. 儿童玩火引起火灾

儿童玩火引起火灾多发生在厨房、床下等部位,在灭火的同时应迅速将液化气罐搬走,避免高温引起液化气罐爆炸扩大火势,然后用水灭火。

4. 电器设备、电路火灾

迅速切断电源,用干粉灭火器或水扑灭。

六、常用消防器材的配备

1. 大型物业管理区域的一般配备

大型物业管理区域的一般配备应包括消防头盔、消防战斗服、消防手套、消防战斗靴、消防安全带、安全钩、保险钩、消防腰斧、照明灯具、个人导向绳和安全滑绳等。

表 3-1 列出了某物业消防器材的配备情况。

表 3-1　　某物业消防安全部门常规器材装备一览表

器材名称		装备数量	主要用途
消防战斗服		20 套	主要用于训练及灭火时保护身体防火源辐射
消防战斗靴		20 双	主要用于训练及保护小腿
消防头盔		20 个	主要用于保护头部及面部
消防手套		20 双	主要用于高空作业、滑绳及火场破折护手
安全带		20 条	主要用于训练和保护腰部
保险钩		5 个	配合安全带用，有利于高空作业
安全滑绳		3 条	用于高空滑绳自救
训练水带	小（Φ50 毫米）	4 米 ×20 米	用于铺设水带、供水、训练及比赛竞技
	大（Φ25 毫米）	10 米 ×20 米	同上
水枪	开关	2 支	用于火场上选用开花射流
	直流	2 支	用于直流射流
	开关	2 支	从水枪上直接控制水流
	喷雾	2 支	用于需喷雾射流的火场供水
分水器		1 个	主要用于训练火场供水
集水器		1 个	用于各股水汇集增大水流
二节梯（6 米或 9 米）		1 架	用于登高训练及救援
灭火器	新型气体	10 瓶	主要代替酸碱、化学泡沫和四氯化碳灭火器使用
	CO_2	10 瓶	主要用于小型初起火灾的扑救
	干粉	5 瓶	同上
	1211	10 瓶	用于初起火灾的控制及扑救
	泡沫	5 瓶	同上
	清水	5 瓶	同上
消防车	水罐	1 部	供水灭火，主要用于远离公安消防队的大型物业公司
	指挥	1 部	巡逻、检查和灭火指挥专用
消防爷（腰斧）		5 把	用于破拆
消防扳手		5 把	用于打开消防栓供水
云梯登高消防车（以高层物业为主）		1 部	登高救援及灭火专勤持用，用于超大型物业服务企业及产值上亿的大集团及厂企事业单位
警用摩托车		1 辆	巡检
其他装备：根据物业公司规模及管理面积、火灾危险性及与公安消防队的距离情况进行装备			

2. 消防器材一般配置

(1)楼层配置:消防器材的配置应结合物业的火灾危险性,针对易燃易爆物品的特点进行合理的配置。一般在住宅内,多层建筑中每层楼的消防栓(箱)内均配置2瓶灭火器;高层和超高层物业每层楼放置的消防栓(箱)内应配置4瓶灭火器;每个消防栓(箱)内均配置1~2盘水带、1支水枪及消防卷盘。

(2)岗亭配置:物业管理项目的每个保安岗亭均应配备一定数量的灭火器,在发生火警时,岗亭保安员应先就近使用灭火器扑救本责任区的初起火灾。

(3)机房配置:各类机房均应配备足够数量的灭火器材,以保证机房火灾的处置。机房内主要配备有固定灭火器材和推车式灭火器。

(4)其他场所配置:其他场所配置灭火器材应保证在发生火灾后,能在较短时间内迅速取用并扑灭初期火灾,以防止火势进一步扩大蔓延。

七、常用消防器材的使用与养护

常用消防设备与器材的使用和维护是物业管理公司所有员工都应熟悉和掌握的,应确保其灵敏有效。秩序维护人员在每日巡逻过程中,应对配置在公共区域内的消防器材例行检查,并做好记录,防止人为破坏。各部门人员在物业管理区域工作时应注意对灭火器材的保护,发生损坏、缺失情况应及时通知保安部。

1. 灭火器的使用与管理

灭火器是一种人力可以移动的轻便灭火器具。灭火时能在其内部压力的作用下,将所充装的灭火剂喷出,用来扑灭火灾。由于其结构简单,操作方便,使用面广,对扑灭初起火灾效果明显,因此,在居住小区、商业场所、写字楼、工业区内随处可见,已成为群众性的常规灭火器具。

(1)灭火器的分类:通常按所填装的灭火剂的类型可分为如下几种:

①水型灭火器:

这类灭火器中填装的灭火剂主要是水,另外还有少量的添加剂。清水灭火器、强化液灭火器都属于水型灭火器。

②空气泡沫灭火器:这类灭火器中填装的灭火剂是空气泡沫液。根据空气泡沫灭火剂种类的不同,又可分为蛋白泡沫灭火器、氟蛋白泡沫灭火器、水成膜泡沫灭火器和抗溶泡沫灭火器等。

③干粉灭火器:干粉灭火器内填充的灭火剂是干粉。根据所填装的干粉灭火剂种类的不同,又分为碳酸氢钠干粉灭火器、钾盐干粉灭火器、氨基干粉灭火器和磷酸氨盐干粉灭火器等。我国主要生产和发展碳酸氢钠干粉灭火器和磷酸氨盐干粉灭火器。

④卤代烷灭火器:卤代烷灭火器内填装的是卤代烷灭火剂。卤代烷灭火器分为“1211”灭火器和“1301”灭火器。

⑤二氧化碳灭火器:这类灭火器中填充的灭火剂是加压液化的二氧化碳。

(2)灭火器的使用:

①水型灭火器:将清水灭火器提至火灾现场,在距离燃烧物10米处,将灭火器直立放稳,摘下保险帽,用手掌拍击开启杆顶端的凸头,这时储气瓶的密膜片被刺破,二氧化碳气

体进入筒体内,迫使清水从喷嘴喷出。应将喷射的水流对准燃烧最猛烈处喷射。随着喷射距离的缩短,操作者应逐渐向燃烧物靠近,使水流始终喷射在燃烧物处,直到将火扑灭。

②空气泡沫灭火器:使用时应手提灭火器提把迅速赶到火场,在距燃烧物 6 米左右,先拔出保险销,一手握住开启压把,另一手握住喷枪,紧握开启压把,将灭火器密封开启,空气泡沫即从喷枪喷出。泡沫喷出后应对准燃烧最猛烈处喷射。如果扑救的是可燃液体火灾,当可燃液体呈流淌状燃烧时,喷射的泡沫应由远而近地覆盖在燃烧液体上;当可燃液体在容器中燃烧时,应将泡沫喷射在容器的内壁上,使泡沫沿容器内壁流至可燃液体表面而加以覆盖。应避免将泡沫直接喷射在可燃液体表面上,以防止射流的冲击力将可燃液体冲出容器而扩大燃烧范围,增大灭火难度。灭火时,应随着喷射距离的减缩,使用者逐渐向燃烧处靠近,并始终让泡沫喷射在燃烧物上,直至将火扑灭。在使用过程中,应一直紧握开启压把,不能松开,也不能将灭火器倒置或横卧使用,否则会中断喷射。

③干粉灭火器:手提式干粉灭火器使用时,应手提灭火器的提把迅速赶到火场,在距离起火点 5 米左右处,放下灭火器。在室外使用时注意占据上风方向。使用前先把灭火器上下颠倒几次,使筒内干粉松动。如果使用的是内装式或贮压式干粉灭火器,应先拔下保险销,一只手握住喷嘴,另一只手用力按下压把,干粉便会从喷嘴喷射出来。如果使用的是外置式干粉灭火器,应一只手握住喷嘴,另一只手握住提柄,干粉便会从喷嘴喷射出来。干粉灭火器在喷粉灭火过程中应始终保持直立状态,不能横卧或颠倒使用,否则不能喷粉。

④二氧化碳灭火器:手提式灭火器使用时,可手提灭火器的提把,或把灭火器扛在肩上,迅速赶到火场。在距起火点大约 5 米处,放下灭火器,一只手握住喇叭形喷筒根部的手柄,把喷筒对准火焰,另一只手压下压把,二氧化碳就喷射出来。当扑救流散流体火灾时,应使二氧化碳射流由近而远向火焰喷射,如果燃烧面积较大,操作者可左右摆动喷筒,直至把火扑灭。当扑救容器内火灾时,操作者应从容器上部的一侧向容器内喷射,不要使二氧化碳直接冲击到液面上,以免将可燃物冲出容器而扩大火灾。使用手提式二氯化碳灭火器灭火时应注意以下事项:灭火器在喷射过程中应保持直立状态,切不可平放或颠倒使用;当不戴防护手套时,不要用手直接握喷筒或金属管,以防冻伤;在室外使用时应选择在上风方向喷射,在室外大风条件下使用时,因为喷射的二氧化碳气体被吹散,灭火效果很差;在狭小的室内空间使用时,灭火后操作者应迅速撤离,以防被二氧化碳窒息而发生意外;用二氧化碳扑救室内火灾后,应先打开门窗通风,然后再进入,以防窒息。

(3)灭火器的管理:

①空气泡沫灭火器:灭火器安放位置应保持干燥、通风,防止筒体受潮,避免日光暴晒及强辐射,以免影响灭火器的正常使用。应按制造厂规定的要求和检查周期定期检查;当灭火器每次再充装前,其主要受压部件应按规定进行水压试验,合格者方可继续使用。水压不合格,不准用焊接等方法修复使用;经维修部门修复的灭火器,应有消防监督部门认可标记,并注明维修单位的名称和维修日期。

②干粉灭火器:干粉灭火器应放置在保护物体附近干燥通风和取用方便的地方。注意防止受潮和日晒,灭火器各连接件不得松动,喷嘴塞盖不得脱落。保证密封性能。灭火器应按制造厂规定的要求和检查周期定期检查,如发现灭火器储气量不足,应更换灭火器

和补充气量。灭火器满5年或每次再充装前,应进行1.5倍设计压力的水压试验,合格的方可使用。经修复的灭火器,应有消防监督部门认可标记,并注明维修单位的名称和维修日期。

(4)灭火器的适用范围:灭火器的适用范围见表3-2。

表3-2 灭火器适用范围

消防器材 / 适用范围 / 火险种类	1211灭火器	泡沫灭火器	二氧化碳灭火器	干粉灭火器
电气设备火灾	适用	不适用	适用(电压≤600 V)	适用
可燃气体火灾	适用	适用	不适用	不适用
易燃气体火灾	适用	适用	不适用	不适用
一般固体物质火灾	不适用	适用	一般不用	适用

2. 消火栓的使用与管理

消火栓是消防供水的重要设备,分为室内消火栓和室外消火栓。

(1)室内消火栓:室内消火栓是建筑物内的一种固定灭火供水设备,它包括消火栓及消火栓箱。室内消火栓和消火栓箱通常设于楼梯间、走廊和室内的墙壁上。箱内有水龙带、水枪并与消火栓出口连接,消火栓则与建筑物内消防给水管线连接。发生火灾时,按开启方向转动手轮,水枪即喷射出水流。室内消火栓由水枪、手轮、阀盖、阀杆、本体、阀座和接口等组成。使用室内消火栓时,应先打开消火栓箱,取出水龙带和水枪,把消火栓阀门手轮往开启方向旋转,即可出水灭火。维护保养消火栓应注意:

①定期检查室内消火栓是否完好,有无生锈、漏水现象。

②检查接口垫圈是否完整无缺。

③消火栓阀杆上应加注润滑油。

④定期进行放水检查,以确保火灾发生时能及时打开放水。

需要使用室内消火栓箱时,根据箱门的开启方式,用钥匙开启箱门或击碎门玻璃,扭动锁头打开。如消火栓没有"紧急按钮",应将其下的拉环向外拉出,再按顺时针方向转动旋钮,打开箱门,然后取下水枪,按动水泵启动按钮,旋转消火栓手轮,即开启消火栓,铺设水龙带进行射水。灭火后,要把水龙带洗净晾干,按盘卷或折叠方式放入箱内,再把水枪卡在枪夹内,装好箱锁,换好玻璃,关好箱门。消防软管卷盘和室内消火栓一样,是建筑物内的固定灭火设备。消防软管卷盘通常装在与室内消火栓供水管相连的支供水管上,它主要由转动部分、支撑部分和导流部分组成。转动部分包括转盘、摆臂、轮壳支架,主要作用是将卷盘从墙箱内摆出,并能使输水管展开和收回。支撑部分包括底座和支持架,卷盘安装在上面。导流部分包括出水管、进水管、水密封套和连接件等,除了导流、喷射水的作用外,还可防止渗漏。定期检查消火栓箱门是否损坏,门锁是否开启灵活,箱体是否锈蚀。发现问题,应及时更换、修理。

(2)室外消火栓:室外消火栓与城镇自来水管网相连接,它既可供消防车取水,又可连接水龙带、水枪,直接出水灭火。室外消火栓有地上消火栓和地下消火栓。地上消火栓适用于气候温暖地区。

①地上消火栓:地上消火栓主要由弯座、阀座、排水阀、法兰接管启闭杆、本体和接口等组成。在使用地上消火栓时,用消火栓钥匙扳头套在启闭杆上端的轴心头上,按逆时针方向转动消火栓钥匙,阀门即可开启,水由出水口流出。接顺时针方向转动消火栓钥匙,阀门便关闭,水就不再从出水口流出。

维护保养地上消火栓时应做到:每月或重大节日前,应对消火栓进行一次检查;清除启闭杆端部周围杂物;将专用消火栓钥匙套于杆头,检查是否合适,并转动启闭杆,加注润滑油;用纱布擦除出水口螺纹上的积锈,检查闷盖内橡胶垫圈是否完好;打开消火栓,检查供水情况,要把锈水放完后再关闭,并观察有无漏水现象,发现问题及时检修。

②地下消火栓:地下消火栓和地上消火栓的作用相同,都是为消防车及水枪提供压力水,所不同的是地下消火栓安装在地面下。由于地下消火栓是安装在地面下,所以不易冻结,也不易被破坏。但由于地下消火栓目标不明显,故应在地下消火栓附近设立明显标志。使用时,打开消火栓井盖,拧开闷盖,接上消火栓与吸水管的连接口或接上水龙带,用专用扳手打开阀塞即可出水,用毕要恢复原状。

3. 消防水箱的使用与管理

消防水箱是在建筑物室外给水管网不能经常保证室内给水管道有足够水压时设置的。低层建筑室内消防水箱应贮存 10 分钟的室内消防用水量。高层建筑消防水箱的贮存量,一类建筑不应小于 18 立方米,二类建筑和一类住宅建筑不应小于 12 立方米,二类住宅建筑不应小于 6 立方米。其安装高度则必须满足最不利点所需要设置室内消火栓的水压。

消防用水与其他用水合并使用同一水箱时,应有确保消防用水不被移作他用的技术措施,如果其他用水的出水口高出消防用水的水面,这时其储存的消防用水量只能按该水面以下部分计算。高压给水系统维持压力的消防水泵,在正常运行中,应严格监视或巡回检查水泵机组是否有不正常的噪音或振动,轴承温度是否超过允许值(最高 75℃),各种监视仪表是否正常等。备用水泵和临时高压给水系统的消防泵的灌水状况、动力设备等应保持良好的准备状态,发生火警便可以立即启动。

4. 消防电梯的使用与管理

消防电梯是高层民用建筑特有的消防设施。普通电梯在火灾时往往因为切断电源而停止使用,而消防队员若靠攀登楼梯进行扑救,会因体力不支和运送器材困难而贻误战机,影响扑救火灾及抢救伤员。因此,高层建筑必须设置消防电梯,以便消防队员在火灾时能迅速到达起火层进行扑救工作,减少火灾损失和人员伤亡。

当建筑物起火后,全部电梯须召回首层,若火灾发生在首层则停于较近层,待人员撤离后即锁上停止使用,而消防电梯则由消防队员操控投入灭火救援工作的使用。消防队员启动控制按钮,或将专用钥匙插入切换开关(通常均设于首层电梯门旁),消防电梯亦能回到首层提供给消防队使用。平时为充分发挥其潜力,消防电梯可兼作服务电梯之用。

5. 火灾自动探测报警系统的使用与管理

火灾自动探测报警设备是现代固定灭火设备的重要组成部分,一般由探测器、区域报警器和集中报警器等组成。发生火灾时,探测器将火灾信号(烟雾、高温等)转换成电信号,传送给区域报警器,再由区域报警器将信号转输到集中报警器。

火灾探测器的种类较多,有感烟、感温、感光和可燃气体探测器等。利用火灾时发生的烟雾探测火灾的设备称为感烟探测器,常用的有离子感烟探测器和光电感烟探测器。感温探测器有定温式和恒动式两大类,感光探测器也分为红外型、紫外型两类。可燃气体探测器不是探测已发生的火灾,而是测出现场内可燃气体的危险性,提醒人们注意有发生火灾的危险。

(1)感烟式火灾探测器:感烟式火灾探测器是感应可见的或不可见的烟雾粒子的火灾探测器。

(2)感温式火灾探测器:感温式火灾探测器适宜安装在起火后产生烟雾较小的场所,但平时温度较高的场所不适宜安装这种火灾探测器。

火灾初起阶段释放的热量会使周围的环境温度急剧上升,所以,用热敏感元件来探测火灾的发生也是一种有效的手段。感温式火灾探测器正是依据这一原理工作的。

(3)感光式火灾探测器:它是感应火焰辐射出的红外线、紫外线及可见光的火灾探测器。应定期维修,尤其对光敏管应经常进行清洁,以确保透光性良好。

(4)可燃气体火灾探测器:可燃气体火灾探测器安装在可燃气体可能泄漏,有可能导致发生燃烧和爆炸的场所,当可燃气体浓度达到危险值时,可燃气体火灾探测器就会及时报警,促使人们及早采取措施,进行处理。

6. 自动灭火系统的使用与管理

自动喷水灭火设备可分为喷雾水冷却设备、喷雾水灭火设备和喷洒水灭火设备(俗称自动喷水灭火设备)。喷雾水冷却设备和喷雾水灭火设备的射流水滴较小,而喷洒水灭火设备的射流水滴较大。

自动喷洒水灭火设备主要用于扑救一般固体物质火灾和对设备进行冷却,不适于扑救易燃、可燃液体火灾和气体火灾。

自动喷雾水灭火设备可以有效地扑救固体物质火灾,对于汽车库、汽车修理车间、电力变压器、配电室等,都有良好的灭火效果。自动喷雾水灭火设备还可以保护高层建筑的屋顶钢构件。由于喷雾水的粒径小,能在燃烧区内迅速汽化,具有良好的冷却和窒息作用,因而能迅速扑灭各种物质(除遇水燃烧、爆炸物质)的火灾。此外,由于喷雾水的电气绝缘性强,因而能较好地扑救电气设备的火灾。

物业管理企业必须注意做好自动灭火系统的维修养护和管理工作,以备发生火灾的紧急情况下能够有效发挥作用。

7. 火灾事故照明和疏散指示标志的使用与管理

有些建筑火灾造成了严重的人员伤亡事故,其原因固然是多方面的,但与有无事故照明和疏散指示标志有一定关系。为防止触电和通过电气设备、线路扩大火势,需要在火灾时及时切断起火部位及其所在防火分区或整个建筑的电源,如无事故照明和疏散指示标志。

人们在惊慌之中势必混乱，加上烟气作用，更易引起不必要的伤亡。实践表明，为保障安全疏散，事故照明和疏散指示标志是不可缺少的，尤其是高层建筑、人员集中的场所，引导安全疏散更为必要，这类设施必须设置。对事故照明和疏散指示标志有如下一些要求：

(1)除了在疏散楼梯、走道和消防电梯及其前室以及人员密集的场所等部位需设事故照明外，对火灾时不能停电、必须坚持工作的场所，如配电室、消防控制室、消防水泵房、自备发电机房等也应设事故照明。

(2)疏散指示标志应设于走道的墙面及转角处、楼梯间的门口上方以及环形走道中，其间距不宜大于 20 米，距地面 1.5 ~ 1.8 米，应写有“EXIT”(出口)的字样，且为红色，此色易透过烟火被识别。

(3)在国外，一般采用蓄电池作为火灾事故照明和疏散指示标志的电源。我国统一要求采用蓄电池作为火灾事故照明和疏散指示标志的电源还有困难，所以允许使用城市电网供电，照明电压也允许采用 220 V 电压，也可自备发电或蓄电池供电，后者使用时间应在 30 分钟以上。目前还有两种事故照明方式：一是近年生产的手提式事故照明灯具，已较广泛用于建筑物中，它平时挂在墙上处于充电状态，一旦断电则发出光亮，并能取下以手提方式使用；二是荧光涂料，已初步用于实践，其色料为硫化锌，能储存和释放光能，且荧光无放射性，目前已开始用作事故照明，均不需配备事故电源且使用简便，效果良好，今后在这方面将会得到进一步的发展和应用。

(4)供人员疏散使用的事故照明，主要保证通道上的必要照度。消防控制室、消防水泵房、配电室和自备发电机房等部位的事故照明的最低照度，应与该部位工作所需正常照明的最低照度相同。

(5)为防止火灾时烧毁事故照明灯和疏散指示标志，影响安全疏散，在其外表面应加设保护装置。

(6)平时要经常检查维护保养上述灯具，灯泡不亮或损坏的要及时修理更换，使之时刻保持良好状态。

拓展提高

消防术语与标识

1. 火情

指起火的地点、部位、燃烧物及火势大小等。

2. 火警

指怀疑有火情的有关信息，包括煳味、烟火、不正常温度等。

3. 火灾

着火因素在时间和空间上失去控制，并对人身及财物造成损害的燃烧现象均称为火灾，按火情大小和损失情况分为：特大火灾、重大火灾、火灾三种。

4. 消防设施

(1)消防供水系统:是指保证物业管理区域内消防用水的水源及传输系统。

(2)自动喷水灭火系统:是物业管理区域内发生火灾时自动喷水扑灭火灾的装置的总称,其中包括单元内及公共区域自动喷洒头和喷淋水泵。

(3)监测报警系统:监测各区域温度以判定是否出现火情、火灾或火灾隐患的装置的总称,其中包括烟感、温感、光感、煤气感、手动报警器、总控制台等。

(4)消防联动系统:即建筑物发生火灾时可以联合动作的设备,包括防火卷帘门、排烟风机、紧急广播、电梯等设备。

5. 消防标识

各物业项目保安部应在客户未办理入住手续前检查物业管理区域内如下(但不限于)标识的安装情况,对遗漏及安装位置不符的要进行更正。

(1)疏散路线。

(2)灭火器。

(3)地下消火栓。

(4)地上消火栓。

(5)消防水泵结合器。

(6)火警电话。

(7)紧急出口。

(8)禁止堵塞。

(9)禁止锁闭。

(10)禁止吸烟。

(11)禁止烟火。

(12)禁止存放易燃物。

(13)禁止带火种。

(14)击碎面板。

(15)疏散通道方向。

(16)手动报警装置。

上述消防标识不代表适用于所有物业项目,应根据具体物业项目实际情况装贴。

思考练习

一、填空题

1. 根据空气泡沫灭火剂种类的不同,又可分为________、________、________和________等。

2. 根据所填装的干粉灭火剂种类的不同,又分为________干粉灭火器、________干粉灭火器、________干粉灭火器和________干粉灭火器等。

3. 消火栓是消防供水的重要设备,它分为________和________。

4. 火灾自动探测报警设备是现代固定灭火设备的重要组成部分,一般由________、

________和________组成。

5. 火灾探测器的种类较多，有________、________、________和________探测器等。

6. 自动喷水灭火设备可分为________、________和________。

二、简答题

1. 应对火灾应做好哪些准备工作？

2. 消防应急救灾程序包括哪几项？

3. 大型物业管理区域消防器材一般配备有哪些？

4. 按所填装的灭火剂的类型，灭火器可分为哪几类？

学习任务3 物业消防管理的基本内容

任务概述

本任务主要学习物业消防管理的基本内容，主要包括物业消防队伍的建立与培训、物业消防管理制度的制定、物业消防安全检查内容与方法、动火安全管理有关规定和物业消防教育宣传培训等。

任务目标

- 能了解物业消防队伍的建立和培训
- 能掌握物业消防管理制度的制定
- 能掌握物业消防安全检查内容与方法
- 能掌握动火安全管理有关规定
- 能了解物业消防教育宣传和培训

学习内容

一、消防队伍的建立与培训

义务消防队伍是日常消防检查、消防知识宣传及初起火灾抢救扑灭的中坚力量，为了做好小区的消防安全工作，各物业项目应建立完善的义务消防队伍，并经常进行消防知识与实操技能的训练与培训，加强实战能力。

1. 义务消防队员的构成

物业管理项目的义务消防队由项目的全体员工组成，分为指挥组、通信组、警戒组、设备组、灭火组和救援组等。其中灭火组及救援组的人员应由年轻力壮、身体素质较好、反应灵敏和责任心强的人员担任，设备组由具备消防设备操作及维护知识的维修人员担任。

2. 义务消防队员的工作

(1)负责消防知识的普及、宣传和教育;

(2)负责消防设施设备及日常消防工作的检查;

(3)负责消防监控报警中心的值班监控;

(4)发生火灾时应配合消防部门实施灭火扑救。

3. 义务消防队伍的训练与培训

义务消防队伍建立后应定期对义务消防人员进行消防实操训练及消防常识的培训,每年还应进行一到两次的消防实战演练。

二、消防管理制度的制定

消防工作的指导原则是“预防为主,防消结合”。为达到“预防为主”的目的,必须把日常的消防管理工作制度化、明确化。消防制度包括各种场所的消防要求规范、消防检查制度、各种消防设施设备的操作及维修保养制度、火警火灾应急处理制度、消防值班制度和消防器材管理制度等。

1. 制定物业服务企业消防管理规定

物业服务企业消防管理规定包括企业消防管理机构及运作方式、消防安全岗位责任、奖惩规定、消防安全行为、消防保障要求和消防事故处理报告制度等。

2. 制定消防设施设备管理制度

消防设施设备管理制度的内容包括消防系统运行管理制度、消防器材配置、保管制度、消防系统维护、保养及检查制度、消防装备日常管理制度和消防系统运行操作规程等。

3. 制定消防检查方案及应急预案

根据各管辖区特点,制定消防检查要求与标准,并制定消防演练方案及消防事故应急预算等。

三、物业消防安全检查内容与方法

1. 消防安全检查的内容

物业消防安全检查的内容主要包括:消防控制室、自动报警(灭火)系统、安全疏散出口、应急照明与疏散指示标志、室内消防栓、灭火器配置、机房、厨房、楼层、电气线路以及防排烟系统等场所。

2. 消防安全检查的组织方法和形式

消防安全检查应作为一项长期性、经常性的工作常抓不懈。在消防安全检查组织形式上可采取日常检查和重点检查、全面检查与抽样检查相结合的方法,应结合不同物业的火灾特点来决定具体采用什么方法。

(1)专职部门检查:应对物业小区的消防安全检查进行分类管理,落实责任人或责任部门,确保对重点单位和重要防火部位的检查能落到实处。一般情况下,每日由小区防火督查巡检员跟踪对小区的消防安全检查,每周由班长对小区进行消防安全抽检,监督检查实施情况,并向上级部门报告每月的消防安全检查情况。

(2)各部门、各项目的自查:

①日常检查:应建立健全岗位防火责任制管理,以消防安全员、班组长为主,对所属区

域重点防火部位等进行检查，必要时要对一些易发生火灾的部位进行夜间检查。

②重大节日检查：在元旦、春节等重要节假日，应根据节日的火灾特点对重要的消防设备、设施、消防供水和自动灭火等情况重点检查，必要时制定重大节日消防保卫方案，确保节日消防安全。节假日期间大部分业主休假在家，用电、用火增加，应注意相应的电气设备及负载检查，采取保卫措施，同时做好居家消防安全宣传。

③重大活动检查：在举行大型社区活动时，应制定消防保卫方案，落实各项消防保卫措施。

3. 消防安全检查的程序和要求

(1)消防安全检查的基本程序：

①按照部门制定的巡查路线和巡检部位进行检查；

②确定被检查的部位和主要检查内容得到检查；

③对检查内容的完好情况进行判断，并通过直观检查法或采用现代技术设备进行检查，然后把检查结果和检查情况进行综合分析，最后作出结论，进行判断，提出整改意见和对策；

④对检查出的消防问题在规定时间内进行整改，对不及时整改的应予以严肃处理，对问题严重或不能及时处理的应上报有关部门；

⑤对检查情况进行登记存档，分析总结，提出检查安全报告。

(2)消防安全检查的要求：

①深入楼层对重点消防保卫部位进行检查，必要时应做系统调试和试验；

②检查公共通道的物品堆放情况，做好电气线路及配电设备的检查；

③对重点设施设备和机房进行深层次的检查，发现问题立即整改；

④对消防隐患问题立即处理；

⑤应注意检查通常容易忽略的消防隐患，如单元门及通道前堆放单车和摩托车、过道塞满物品、疏散楼梯间应急指示灯不亮、配电柜(箱)周围堆放易燃易爆物品等。

四、动火安全管理

1. 动火前要求

(1)重点部位动火须由消防主管领导会同消防管理负责人会审，无异议才能动火。

(2)防火、灭火设施不落实，周围的易燃杂物未清除，附近难以移动的易燃结构未采取安全防范措施时不能动火。

(3)凡盛装过油类等易燃液体的容器、管道，未洗刷干净、排除残存的油质时不能动火。

(4)凡盛装过受热膨胀有爆炸危险的气体的容器和管道不能动火。

(5)凡储有易燃、易爆物品的车内、仓库和场所，未经排除易燃、易爆物品的不能动火。

(6)在高空进行焊接或切割作业时，下面的可燃物品未清理或未采取安全防护措施的不能动火。

2. 动火过程中的要求

(1) 动火现场要指定安全负责人。

(2) 现场安全负责人和动火作业员必须经常检查动火情况，发现不安全苗头时，要立即停止动火。

(3) 发生火灾、燃炸事故时，要及时扑救。

(4) 动火人员要严格执行安全操作规程。

3. 动火后的要求

动火人员和现场负责人在动火作业后，应检查并彻底清理现场火种。

五、消防教育宣传培训

消防宣传培训是发动客户和物业管理企业全体员工自觉预防火灾的重要措施，是贯彻"预防为主，防消结合"方针的重要内容，也是提高物业管理企业管辖区域内全民消防意识、普及消防法规和消防知识的重要途径。

1. 对物业管理企业员工的培训教育

在消防管理工作中员工是主要力量，对员工的培训教育主要分为：

(1) 消防理论知识的培训，包括政府消防法规，防火、灭火基本原理和基本知识等。

(2) 消防管理技能培训，包括消防设备、消防器材使用，火灾、火警应急处置能力，疏散、自救措施等。

2. 对客户的宣传教育

消防工作仅靠物业管理企业的努力是不够的，还有赖于全体客户的积极配合。主要让客户增强消防意识，掌握消防知识和物业各项防火规定，能够使用灭火器，掌握疏散方法进行自救。

3. 消防宣传培训的形式

消防宣传培训的形式多种多样，主要有：

(1) 对物业管理企业员工定期进行授课式、问卷式等形式多样的消防知识培训。

(2) 每年进行一至两次消防演练，各专业定期进行分项实操模拟训练等。

(3) 利用板报、录像、标语、宣传单等形式对客户进行消防知识宣传教育。

(4) 每户或人手一册消防须知，干燥季节或放长假之前提醒客户注意预防火灾。

思考练习

一、填空题

1. 物业管理项目的义务消防队由项目的全体员工组成，分为________、________、________、________、________和________等。

2. 消防工作的指导原则是"________，________"。

3. 在消防安全检查组织形式上可采取________、________相结合的方法，应结合不同物业的火灾特点来决定具体采用什么方法。

4. 现场安全负责人和动火作业员必须经常检查动火情况，一旦发现不安全苗头时，要立即________。

5. 对物业管理企业员工定期进行________、________等形式的消防知识培训。

二、选择题

1. 物业管理项目的义务消防队由(　　)组成,可分为指挥组、通信组、警戒组、设备组、灭火组和救援组等。

A. 项目的操作层职员　　B. 项目的管理层职员

C. 项目的全体员工　　D. 项目全体安防人员

2. 消防工作的指导原则是(　　)。

A. 安全第一、预防为主　　B. 预防为主、防消结合

C. 不顾一切,灭火为主　　D. 安全第一、财产第二

3. 消防安全检查作为一项长期性、经常性的工作常抓不懈。在消防安全检查组织形式上可采取(　　)的方法。

A. 日常检查和重要部位检查、专职部门检查和各部门的互查相结合

B. 日常检查和重点检查、全面检查与抽样检查相结合

C. 日常检查和重点检查、人工检查与自动检查相结合

D. 全面检查的日常检查、专职部门检查和各部门的自改相结合

4. 义务消防队伍应每年进行(　　)次消防实战演习。

A. 1　　B. 1 ~2　　C. 2　　D. 3

三、简答题

1. 义务消防队员的工作主要有哪些?
2. 物业消防安全检查的内容主要包括哪些?
3. 物业消防安全检查的基本程序有哪些?
4. 物业消防安全检查的要求有哪些?

学习任务4 物业消防管理的基本制度

任务概述

为了进一步做好物业消防管理工作,必须制定全面的消防管理制度。通过对本任务的学习,能掌握各消防岗位的岗位职责,理解消防值班制度、消防档案管理制度和消防安全检查制度等。

任务目标

- 学会消防岗位职责制度

- 学会消防值班制度
- 学会消防档案管理制度
- 学会消防安全检查制度

学习内容

一、岗位职责

1. 消防主管岗位职责

消防主管需对部门经理负责，认真执行部门的每一项工作决定，从严要求自身言行，处处起到模范带头作用。

(1)严格监督各种消防安全制度的落实情况，管理下属员工，共同做好消防保障工作。

(2)熟知国家、市政府及公司有关消防安全工作的法规、法令、条例和制度并给予贯彻执行。

(3)协助部门经理处理消防事务，团结同事，敬岗爱业，为消防安全工作积极出力。

(4)能够制定每月度的消防工作计划，向部门经理提交本月度总结及消防检查整改报告。

(5)具体实施对员工在消防常识、设备操作方面的培训，参与制定消防培训内容和防火疏散演练方案，定期举办消防安全讲座，宣传普及防火知识，提高全员火灾自救逃生能力。

(6)协助部门经理按照消防法规的要求，制定消防安全工作制度，建立消防管理体系，弥补漏洞，掌握对突发火灾的处理程序及扑救措施。

2. 消防监控领班岗位职责

(1)监督值班秩序维护员的日常工作，一切从客户和公司的利益出发，吃苦耐劳，勇于奉献，与下属同甘共苦，以细致严谨的作风，带领消防组做好部门的工作。

(2)严格执行部门的各项管理制度和设备操作及养护规程，在工作中严谨细致，积极协助上级领导解决所发现的问题。

(3)检查秩序维护人员在岗值班情况，检查仪容风纪、规范操作是否达标，纠正违纪行为。

(4)熟悉消防监控系统各组成部分的具体功能和操作方法，掌握联动原理，协助消防主管做好设备的日常管理工作。

(5)熟悉物业管理区域内的消防设施的分布、灭火器材的摆放点、报警装置和摄像头的位置。

(6)检查施工现场消防安全，汇报、处理各种报警和故障。

(7)监督每日出勤情况，严格执行考勤、请假手续。

(8)协助消防主管执行在日常和重要节日、群体活动及接待贵宾前期的消防安全检查工作。

(9)参加秩序维护部例会，总结汇报近期工作情况及问题，并将会议纪要向值班保安人员传达。

(10)定期总结本职工作,汲取专业知识,加强业务学习,提高技术防范意识,确保部门消防工作落到实处。

3. 消防监控值班员岗位职责

(1)熟练掌握消防监控设备的技术性能及操作方法,严格遵守部门各项规章制度,忠于职守,规范值班,树立秩序维护部对外良好形象。

(2)保持严肃认真的工作态度,密切注意各种信息和设备运转状况,尽职尽责,发现问题及时确认并上报,事后详细记录。

(3)接到报警,要迅速、准确地按照报警程序进行工作。

(4)维护中控室内清洁卫生,保持良好的工作环境。

(5)认真填写值班记录,做到准确、详细、清晰。

(6)尊敬领导,团结同事,努力学习业务知识,提高处理问题和解决问题的能力。工作中服从领班安排,提出个人对秩序维护部消防工作的建议,指出存在的问题。

二、值班制度

1. 消防中心值班室值班制度

消防中心值班室是火警预报、信息通讯中心,消防值班人员必须树立高度的责任感,严肃认真地做好消防中心的值班监控工作。

2. 消防监控室值班制度

(1)值班人员应实行 24 小时三班轮值制。

(2)平均每班 8 小时工作制,负责做好消防监控室的值班工作,并做好工作记录。

(3)每班两人,其中一人负责监控闭路电视、接听电话、设备运行操作等任务,另一人负责巡检物业管理公共区域内各部位,检查厨房、库房、机房等重点部门的防火安全情况。

(4)服从领班的岗位工作安排,请假应在得到批准后方能休假,上班时间禁止随意外出,轮流用餐,必须保证有一人在室内值班。

(5)上班时间禁止在消防监控室接待客人或容留无关人员闲谈。

(6)禁止使用消防报警电话闲谈。

(7)禁止将私人用品或易燃易爆物品存放在室内。

(8)未经批准,消防监控室禁止参观。

(9)接到消防报警后,应迅速赶赴或通知巡逻秩序维护人员赶赴报警地点,查明原因,有情况时须立即报告消防主管、保安部经理。

三、消防档案管理制度

消防档案是记载物业管理区域内的消防重点以及消防安全工作基本情况的文书档案,物业管理企业应建立消防管理档案,根据具体情况可包括以下内容:

1. 防火档案

包括消防负责人及消防管理人员名单、物业管理区域平面图、建筑结构、交通和水源情况、消防管理制度、火险隐患、消防设备状况、重点消防部位、前期消防工作概况等要记录在案,以备随时查阅,还要根据档案记载的前期消防工作概况,定期进行研究,不断提高防火、灭火的水平和效率。

2. 火灾档案

一般的火灾都有报告表和调查记载资料、火灾扑救的情况报告、对火灾责任人追查处理的有关材料、火险隐患整改通知书等。

3. 消防设施档案

包括消防通道畅通情况、消防栓完好情况、消防水池的储水情况、灭火器的放置位置是否合适、消防器材的数量及布置是否合理等。

四、消防安全检查制度

为规范消防工作，防止消防隐患，消防安全检查制度一般包括以下内容：

1. 公共区域、公共设施消防安全检查

(1)每月末及节日前，对建筑物各层公共区域、公共设施进行安全检查。

(2)检查工作由公司消防总负责人组织，工程、秩序维护、管理部门负责人配合检查。

(3)检查项目为各层所配备的消防灭火器材、消防栓设施是否齐全、有效。

(4)检查各层配电房、风机房、茶水间及顶层电梯机房的电掣电器等设施设备是否符合消防安全规定，门锁是否完好。

(5)检查各层走廊、电梯厅、消防通道梯是否畅通，烟感探测器、指示灯是否正常。

2. 房屋内消防安全检查

(1)检查各公司房间内是否有违反消防安全条例的事项。

(2)检查各房间内所使用的电器是否符合安全规定。

(3)检查各房间是否按规定配备一定数量的灭火器。

3. 设备系统消防安全检查

(1)检查消防栓、灭火器是否完好。

(2)检查各机房、配电房设施设备是否运转正常，机房、配电房内所配备的灭火器材是否完好。

(3)检查各走廊、消防通道是否畅通，指示灯及烟感报警系统是否正常。

(4)检查中发现有设施设备有异常情况，或有其他违反消防安全规定的问题，要立即查明原因，及时处理。不能立即解决的，由物业管理公司发出整改通知书，限期整改。

思考练习

一、填空题

1. 消防中心值班室是________、信息通讯中心，消防值班人员必须树立高度的责任感，严肃认真地做好消防中心的值班监控工作。
2. 物业消防值班人员应实行________小时三班轮值制。
3. 消防档案是记载物业管理区域内的消防重点以及消防安全工作基本情况的文书档案，物业管理企业应建立消防管理档案，可根据具体情况分为________、________、________。
4. 为规范消防工作，防止消防隐患，消防安全检查制度一般包括以下内容：________、

________、________。

二、简答题

1. 物业消防主管岗位的职责有哪些?

2. 物业消防监控领班岗位职责有哪些?

3. 物业消防监控值班员岗位职责有哪些?

4. 物业消防安全检查制度主要有哪些内容?

学习任务5 物业消防应急预案及消防演练

任务概述

无论何时,一旦发现有火灾苗头,如烟、油、味、色等异常状态,每一位物业消防员都必须立即向值班领导报警(注意当现场异味为液化气等易燃气体时,严禁在现场用手机、对讲机、电话报警,应该脱离现场到安全区域后再报警,以防电火花引爆易燃气体),请其派人查明真相,并做好应急准备。针对物业消防人员在日常工作中缺乏应急措施,防火意识薄弱,不懂初起火灾扑救方法,临警失措,处置不力等问题,通过演习,可使员工绷紧防火之弦,掌握初起火灾扑救的基本方法和步骤,提高临警应变和自防自救的能力,随时准备应付突发火灾。

任务目标

- 能学会制定物业消防应急预案
- 能学会制定物业消防演习方案
- 能掌握物业消防演练方案实施程序

学习内容

一、物业消防应急预案的制定

1. 重点防火单位和防火部位的确定

(1)重点防火物业:重点防火的物业主要包括:生产易燃易爆的工厂、大型物资仓库以及工厂较为密集区、酒店、商场、写字楼、高层及超高层和度假村等。

(2)重点防火部位:重点防火部位主要包括:机房、公共娱乐场所、桑拿浴室及卡拉OK厅、业主专用会所、地下人防工程、资料库(室)和计算机(资讯)中心等。

2. 灭火方案的要求

(1)所制定的灭火预案应结合现有物业的消防技术装备和义务消防队伍的业务素

质,符合本物业的实际情况。

(2)灭火预案经消防安全部门演练后具有实操性和可行性。

(3)根据小区情况、火灾特点,对火险隐患较大的地方进行重点标识。

(4)有具体的组织实施时间和相应演练经费预算。

(5)确定灭火预案演练的责任人。

(6)确定各人员、部门的职责及分工要求。

(7)灭火方案须报经当地公安消防大(中)队审核通过和备案。

3. 灭火预案的制定

(1)在制定灭火预案前,消防安全部门负责人应组织人员深入实地调查研究,确定消防重点。

(2)根据火灾特点和灭火战术特点,假想火场上可能出现的情况,进行必要的计算,为灭火方案提供正确的数据,确定需投入灭火的装备和器材,以及供水线路,明确灭火、救人、疏散等战斗措施和注意事项。

(3)写出文字说明,打印报批,并绘制灭火力量部署的草图。

4. 灭火预案的主要内容

(1)物业项目单位的基本概况,包括周围情况、水源情况(特点)、物资特性及建筑特点、单位消防组织与技术装备。

(2)火灾危险性及火灾发展特点。

(3)灭火力量部署。

(4)灭火措施及战术方法。

(5)注意事项。

(6)灭火预案图。

二、物业消防演练方案

为进一步提升××花园物业管理人员的整体消防素质,普及小区内业主(住户)、装修施工人员的消防意识和消防常识,公司拟定春节前(初定为2006年1月19日)在××花园小区内举办一场现场消防演练。现根据“预防为主、防消结合”的方针,针对××花园小区公共设施和楼层结构等特点策划此次消防演练活动,具体方案如下:

1. 成立消防演练指挥部,地点设在××花园消控中心。

2. 总指挥由公司最高负责人担任,现场指挥由该项目现场当值的最高行政负责人担任。

3. 发生火灾时,总指挥对火灾事故有直接指挥、下达命令、组织抢救的绝对权力;现场指挥负责就火灾情况向总指挥作及时汇报并现场组织所有义务消防员贯彻执行总指挥的指令。

4. 具体人员安排:

■总指挥:×××(总经理)

■副总指挥:×××(安保部)

■现场指挥小组:××× ×××(安保部)(项目主任)

具体职责:负责火灾现场救援指挥工作,布置以下各组任务。

■火情侦察小组:××× ××× ×××(巡逻岗安防员)

具体职责:当现场指挥从消控中心或其他位置接到火警信号时,迅速下达命令,火情侦察人员应迅速准确地勘查现场,并及时向现场指挥汇报以下情况:

(1)火情位置、燃烧物质和性能、燃烧范围和火势蔓延的主要方向。

(2)是否有人受到火势威胁及具体所在地点、数量和抢救疏散的通道。

(3)有无爆炸、毒害、腐蚀、遇水燃烧等物质,其数量、存放形式、具体位置。

(4)火场内是否有带电设备以及切断电源和预防触电的措施。

(5)需要保护和疏散的贵重物品及其受火势威胁的程度。

(6)燃烧的建筑物内的消防设施可利用情况。

(7)遇误报,在现场要及时排除。

■工程抢险小组:××× ××× ×××(水电工)

具体职责:遇火警采取如下措施:

(1)关闭非消防电源、煤气管道阀门。

(2)接警后启动相应消防泵、喷淋泵或水喷雾泵。

(3)启动防排烟风机、正压送风机。

(4)启动联动消防广播。

■战斗救援小组:××× ××× ××× ××× ×××(安防队长)(非当班安防员)

具体职责:接到命令后立即穿好战斗服,携带安全绳、灭火器等消防器材,在第一时间赶到现场,本着“救人第一”的原则进入燃烧区抢救被困人员。

(1)寻找被困人员的方法:a 询问知情人;b 主动呼喊;c 查看;d 细听;e 触摸。

(2)寻找被困人员的地点:a 建筑物内的走廊、通道、楼梯、窗口、阳台、浴室等;b 房间内的床下、桌下、橱柜内、卫生间、厨房等。

(3)救援的方法:牵、拉、抱、背、扶。

(4)救火的方法:a 利用携带灭火器材进行扑救;b 打开消防栓,利用消防栓内设施进行灭火(没有电源的情况下)。

■安全保卫小组:××× ××× ×××(当班保安员)

具体职责:当接到火警报警时,确认属实后迅速报告物业项目主任,拨打“119”报警电话,并通知当班保安员必须坚守岗位,听从调配,同时提高警惕,防止坏人浑水摸鱼、趁火打劫,保护好现场。

■后勤保障小组:××× ××× ×××(楼管员)、(保洁员)

具体职责:

(1)疏散人员和车辆。

(2)引导消防车入场。

(3)组织抢救财物、贵重设备,物资暂放处应有人看管,防止被盗。

(4)抢救伤员。

(5)清理保护现场。

三、物业消防演练方案的实施程序

物业管理企业应根据实际情况，每年组织1～2次消防演练，通过演练，检验所辖物业项目的防火、灭火的综合功能：增强物业管理企业员工和客户的消防安全意识，并提高逃生和自救能力；检验和提高物业管理企业员工灭火、疏散客户、相互协调等组织能力；检验所辖物业管理企业的消防设施设备的运作情况等。所以消防演练意义十分重大，演练过程应注意周密计划，统筹安排，做到按部就班、井井有条。如图3－1所示。

方案批报→演练通知→内容分工→培训宣传→设备准备→落实检查→实施演练→演练总结

图3－1　消防演练方案实施程序

1. 消防演练方案申报批准

物业管理企业或物业服务管理项目部，应提前一个月将消防演练方案计划上报客户或业主委员会，待客户或业主委员会批准后，向负责消防的主管警官汇报备案，同时就消防演练方案向主管警官征询意见。

2. 消防演练实施通知

在消防演练实施的前两周，应向所辖物业管理区域的客户发出消防演练通知；在消防演练前两日，应在公共区域张贴告示，进一步提示客户关于消防演练事宜。

3. 消防演练工作内容分工

(1)灭火总指挥负责向消防值班人员或其他相关人员了解火灾的基本情况；命令消防值班人员启动相应消防设备；命令物业管理企业员工根据各自分工迅速各就各位；掌握火场扑救情况，命令火场灭火组采取适当方式灭火；命令抢救组采取相应措施；掌握消防相关系统运行情况，命令配合指挥采取相应措施；协助消防机构查明火因；处理火灾后的有关事宜。

(2)灭火副总指挥负责在灭火总指挥不在场时，履行总指挥的责任；配合协同灭火部总指挥的灭火工作，根据总指挥的意见下达命令。

(3)现场抢救组和抢救运输组负责抢救伤员和物品，本着先救人、后救物的原则；运送伤员到附近的医院进行抢救；运输火场急需的灭火用品。

(4)外围秩序组负责维护好火灾现场外围秩序；指挥疏散客户；保证消防通道畅通；保护好贵重物品。

(5)综合协调组负责等候引导协助消防车；保持火灾现场、外围与指挥中心的联络。

(6)现场灭火组负责火灾现场的灭火工作。

(7)现场设备组负责火灾现场的灭火设备、工具的正常使用和充足准备。

(8)机电、供水、通信组负责确保应急电供应，切断非消防供电；启动消防泵确保消防应急供水；确保消防电话和消防广播畅通；确保消防电梯正常运行，其他电梯返降一层停止使用，启动排烟送风系统，保持正压送风排烟。

4. 消防演练前的培训、宣传

对物业管理企业全体员工进行关于消防演练方案培训，使各灭火小组成员掌握自己所负责的工作范围、运行程序和注意事项。在演练前采用挂图、录像、板报、条幅等形式对客户宣传消防安全知识。

5. 消防演练前消防设备、消防器材等的准备

在消防演练前一周时间，消防设备、设施、消防器材进入准备状态。检查消防播放设备、电梯设备、供水系统、机电设备的运行状况；准备各种灭火器和消防水龙带等工具；准备通信设备；选定“火场”并准备制造火源用品及预防意外发生的设备和器材；准备抢救设备工具和用品等；确保所有消防设备、器材处于良好状态，准备齐全。

6. 消防演练准备工作落实情况检查

演练前 3 天，由灭火总指挥带领相关负责人对消防演练准备工作进行最后综合检查，确保演练顺利进行，避免发生混乱，包括人员配备、责任考核、消防设备器材准备、运输工具以及疏散路径等内容。

7. 消防演练实施

要点 1：演练简述

通过广播、宣传板、宣传单及现场说明等宣传方式使所有在场人员明了整个消防演练的流程及重要注意事项。

要点 2：火情报警

起烟点发现烟雾时，发现人员立即使用最近处火灾报警按钮或用电话、对讲机向消控中心报警。

要点 3：火情侦察

（1）消控中心接到火灾报警信息后，应立即安排安防队义务消防员（所有安防员均为义务消防队员）携带对讲机和必备的消防用品赶到现场，确认火情是否存在，确认火情后立即通知安防队队长、服务中心负责人和相关部门负责人赶到现场，成立灭火指挥组，同时安排义务消防员携带近处可取的灭火器材和可利用的消防设施赶到火灾现场，开始灭火。

（2）确认火情时应注意：不要草率开门，先试一下门体、锁把，如无温度异常可开门观察；如温度较高，已可确认内有火情，此时如房间内有业主（住户），应先设法救人，如没有人，应做好灭火的一切准备后再开门扑救。开门时不要将脸正对开门处。

要点 4：火情通报

（1）消控中心立即用电话、对讲机按照程序进行操作，告之火情已确认；安防队长携带对讲机、应急灯赶到现场协助现场指挥人员工作。

（2）通报程序如下：安防队长→物业项目经理→总经理（同时通知工程部经理等其他部门负责人；非办公时间时首先通知当值的最高行政负责人）。

要点 5：现场指挥

现场指挥组负责组织指挥救火，根据火情，决定：

（1）是否向“119”报警。

（2）是否关闭封锁小区。

（3）是否切断电源及液化石油气源。

（4）是否发布疏散和撤离命令。

(5)指挥人员的疏散和救护、贵重物质的转移(条件允许的情况下)。

要点6:灭火行动

(1)安防队:

①安防队长携带对讲机迅速到现场接受消防现场指挥的指令。

②消控中心操作人员坚守岗位,根据现场指挥的指令操作设备和适时开动紧急广播系统,通知业主(住户)疏散。通知的顺序为:发生火灾区域及可能受影响区域,并根据火势严重情况按现场指挥的指令向“119”报警。按指令将摄像探头切换至发生火灾的区域。

③巡逻安防员携带手电筒、对讲机及手提灭火器及相关消防应急设备迅速赶到火灾现场,按照火灾现场指挥的命令行动。

④ 各门岗值班安防员负责小区的各出入口,外围的安防员坚守岗位,维护秩序,防止此时有其他人员进入小区的火灾现场,同时负责业主(住户)的疏导和解释工作。

⑤外围安防员立即将停放在外围的车辆进行疏散,暂时将前来的车辆或人员引导到安全场地,劝阻疏散围观的人员。

(2)工程部 :工程部人员接到火灾通知后迅速赶到现场,接受现场指挥的一切指令,并做好如下工作:

①携带通信设备迅速赶到变配电室,按照现场指挥的命令操作供电设备及其他应急工作。

②携带通信设备迅速赶到消防水泵房,按照现场指挥的命令操作消防水泵及其他应急工作。

③携带通信设备迅速赶到消控中心,按照现场指挥的命令保障消防联动系统正常运行,并检查其他消防设备的情况。如遇故障,应根据现场指挥的命令立即采取补救措施,并按照现场指挥的命令协助完成其他工作。

(3)服务中心:

①服务中心管理人员接到火灾通知后迅速携带通信设备,赶到火灾现场接受指令。

②迅速准备好急救包并根据指令到疏散集合的安全地点,对疏散业主(住户)的人数进行清点,并在有需要时(如有人受伤时)与医疗急救中心取得联系。

③及时准确地向指挥中心报告失火区域业主(住户)人数及火灾现场人数;到疏散通道引导业主(住户)疏散,并告知业主(住户)疏散集合地点,做好安慰和解释工作。

④如需全部离开办公室区域,对该上锁的要锁好,须随身携带的携带好。

(4)义务消防队:

①火情确认后,义务消防队员接到通知后应在第一时间赶到指定地点集合待命。

②义务消防队长(安防队长)向队员简单介绍火情,分配任务。

③义务消防队员携带灭火器材迅速赶赴火灾现场。

④迅速派两名义务消防队员沿疏散楼梯小心上楼,观察情况。

⑤迅速组织队员按救火程序实施灭火,并及时将灭火工作进展情况报告现场指挥。

要点7:人员疏散

根据火情确定是否需要全面疏散火灾现场及附近业主(住户)。疏散命令由总指挥

下达,具体的实施办法如下:

(1)控制中心按照总指挥指令负责用紧急广播先通知着火地点的业主(住户)或由现场人员逐户通知疏散。广播通知时严禁将紧急广播同时全部打开,必须是将通知范围控制在火灾区域,或是火灾可能影响的区域。

(2)服务中心负责引导业主(住户)疏散并把疏散下来的人员安排到安全地点,现场外人员或是准备进入火灾区域的人员由现场外围值班安防员和服务中心指定人员负责引导疏散。疏散动作要领:主要用毛巾蘸水,捂鼻弯腰速跑。在引导疏散时要注意保持秩序,防止挤伤、踏伤等引起的意外,并注意清点现场疏散的人数,防止遗漏。

要点8:注意事项

(1)在整个扑救火灾过程中,其他工作要让位于火灾扑救工作,并随时按照总指挥指令做出反应,各个岗位出现的情况也要随时向总指挥汇报,以便总指挥掌握情况,迅速做出正确的决定。

(2)火情发生后,所有对讲机或其他通信设备应处于待命状态,当总指挥呼叫时,要用简明的语言,准确报告情况。

(3)实施疏散计划时,要将业主(住户)有秩序地从安全通道疏散,绝对不能引起混乱;要防止不知火情危险的业主(住户)再回到他们的居住区域;疏散时由安防员(或服务中心的人员)负责带路和断后;疏散中不能停留,以免堵塞通道。

(4)安防队、服务中心工作人员负责指导检查疏散情况,检查内容还包括:业主(住户)房间、卫生间等公共区域是否留有未熄灭火种、烟头和未关闭的灯,出入通道是否畅通。

8. 消防演练总结

消防演练结束后,要求各灭火小组对演练工作进行总结,要拜访客户或采取其他方式收集客户对消防演练的意见,找出存在的问题,进行讨论确定,改进演练方案和演练组织实施过程中不合理之处。

在消防演练过程中要注意以下事项:

(1)消防演练应选择在白天进行,安排在对客户生活工作影响小的时间段,以使更多的客户参加。

(2)消防演练"火场"应选择在相对安全位置,尽量减少对客户的影响并保证安全。

(3)消防演练时,要避免长时期断电停电,可以象征性地断电数秒钟。

(4)消防演练过程中,采用各种形式做好参加演练客户情况的记录工作,对不理解的客户做好解释工作,做好消防知识宣传、讲解工作,做好参与演练客户的安全保护工作。

拓展提高

火灾中的避险和逃生——镇静报警,浇湿衣服,捂住口鼻,迅速匍匐逃生

平时养成良好的防患意识,是火灾自救的关键。例如,当你到一个陌生的地方时,不妨首先看清安全通道出口,家里随时准备些"防火绳"等。一旦遇到自己的住处和邻居家

发生火灾时，切记要保持镇定，采取以下方法进行自救：

首先，立即拨打119火灾报警电话，使消防人员获取火灾信息，及时、快速地赶赴火灾现场施救。

其次，冷静地查看起火的原因、火源方向，并在未形成大的火势时，舍弃屋中财物，选准脱生路线，迅速逃离火灾现场。

第三，从烟火中出逃，要用毛巾类（干的或潮湿的，不能用太湿的毛巾，因太湿会使人在接触烟雾后窒息）堵住口鼻，防止吸入烟雾或有害气体，同时俯下身子行走或选择爬行，因为贴近地面30厘米的地方空气中烟雾稀薄。

第四，出逃时，为防火烧烤，应将衣服浇湿。

第五，高层建筑着火出逃不能乘坐电梯，因为火灾时要断电。

第六，楼下着火时切记勿下楼，勿跳楼，可关闭阳台门窗，在阳台上等待救援。

第七，实在无路可逃时，可立即进入未被火灾威胁的房屋，关闭门窗，在地上泼水，或用床单、被褥蒙住门窗缝隙等待救援。

第八，公共场所发生火灾时切忌慌乱，保持头脑清醒，有秩序地按上述原则出逃，以免挤踩伤人。

思考练习

一、填空题

1. 重点防火的物业主要包括：生产易燃易爆的工厂、大型物资仓库以及工厂较为密集区、________、________、________、________和度假村等。
2. 重点防火部位主要包括：________、________、桑拿浴室及卡拉OK厅、________、________、资料库（室）和计算机（资讯）中心等。
3. 在制定灭火预案前，消防安全部门负责人应组织人员深入实地，调查研究，确定________。
4. 物业管理企业应根据实际情况，每年组织________次消防演练，通过演练，检验所辖物业项目的防火、灭火的综合功能。
5. 演练前3天，由灭火总指挥带领相关负责人对消防演练准备工作进行最后综合检查，确保演练顺利进行，避免发生混乱，包括________、________、________、________以及________等内容。

二、简答题

1. 制定灭火方案的要求是什么？
2. 灭火预案的主要内容是什么？
3. 消防演练实施要点有哪些？
4. 消防演练过程中的注意事项有哪些？

第四单元　物业车辆与道路管理

单元概述

本单元内容是物业车辆与通道管理，包括车辆交通管理的含义及内容；道路交通管理的内容及方法；不同类型小区的管理方法；机动车与非机动车的管理；停车场的规划；车辆的出入管理；车辆通行和停放过程中遇到的情况；车辆管理考核及交通管理的重要性。

现在家庭用车日趋普遍，且社区化生活已是主要生活方式，因而物业车辆与通道管理则显得尤为重要。因为我国城市中用地紧张，很多物业停车场地严重缺失，再加上物业管理公司管理不善等原因，造成物业使用人停车困难、车辆出入困难、区域内车辆事故频发等问题，给业主工作和生活带来极大的不便。因而作为一名物业管理人员，要想更好地面对服务对象，提供优质服务，就必须能合理解决社区中车辆的使用所带来的问题。比如，如何规范小区内车辆的停放，合理利用车位，提供最大限度的车辆停放量；怎样有效避免区域内的交通安全隐患；如何完善区域规划等问题。

单元目标

- 会建设和维护物业区域内交通设施
- 会建立物业的车辆管理办法
- 会提供车辆管理服务
- 能正确处理车辆通行和停放过程中遇到的情况

学习任务1 物业车辆与道路管理的基本概念

任务概述

本任务内容是物业车辆与道路管理的基本概念。在物业管理工作中，车辆的管理与停放是影响业主生活的重要方面。如何规范车辆与通道管理是物业管理中的重要工作之一。作为一名服务人员，必须首先了解其中的基本概念，比如什么是车辆通道管理、什么是道路管理、什么是交通管理和车辆管理等。

任务目标

- 能正确描述什么是车辆道路管理
- 能正确区分车辆道路管理的基本内容

学习内容

一、车辆与道路管理

车辆道路管理是指物业服务企业通过对物业管理区域内的道路、交通和车辆的管理，建立良好的交通秩序和车辆停放秩序，防止车辆受损和失窃而进行的管理活动。

影响物业管理区域内车辆与道路管理质量的因素很多，从目前来看，最主要的就是设计规划。随着社会生活水平的提高，家庭汽车拥有量不断提高，而设计规划中的停车位不足，给物业管理带来了很多麻烦(图4－1、图4－2、图4－3)。目前，解决这一难题的思路应该是，与业主委员会紧密配合，将车辆管理规定纳入管理约定，细化车辆管理专项规定，实施合同化操作管理。在取得业主委员会同意、支持的前提下，在小区内部寻找合适空间增加车位划分；限制公车进入小区停放；对有多辆车辆的业主限制在小区内的停车数量；加强外来车辆控制，不得随意进入小区；与所在地交通管理部门协调，在小区周边城市道路规定收费车位；加强车辆管理人员培训和专业指导，强化车辆引导和跟进管理。这其中值得注意的是，在小区内道路增加车位划分时，要保证消防通道的畅通。

自行车、摩托车管理应建立车库定点存放，专人管理，并建立严格的保管、存取制度。不具备车库定点存放条件的，要引导业主和使用人自行做好车辆保管或设置多处小型停放点。发现乱停乱放的现象要及时制止，或将乱停放的车辆归位。在安全宣传中，提醒业主和使用人注意上锁和自觉停放到指定的停放点(图4－4)。

图 4－1　车辆停在车库门前通道

图 4－2　车辆随意停放堵塞消防通道

图 4－3　非机动车乱停乱放堵塞消防通道

图 4－4 规范的小区物业管理

二、车辆与道路管理的内容

车辆与道路管理的内容主要有道路管理、交通管理、车辆管理与停车场(库)管理。

1. 道路管理

物业管理区域内的道路,应满足业主和使用人的自行车、摩托车、机动车等各种交通工具通行及步行活动的需要;满足清运垃圾与粪便、送递邮件、搬运家具等日常服务车辆通行的需要;保证消防、救护、铺设各种工程管线等特殊车辆通行的功能;要求车行道一般应通至各栋、各单元的入口处;设计单车道时,应考虑在适当距离设置车辆会让处;进行旧区道路改造时,应充分利用原有道路或设施等(图 4－5)。

图 4－5 宽敞整洁的小区道路

2. 车辆管理

车辆管理是物业服务企业通过对机动车、摩托车、自行车的管理，保证业主和使用人的车辆免受损坏，防止失窃。其内容包括机动车和非机动车的管理、停车场的规划、建立车辆管理制度等。

机动车管理是通过门卫管理制度和车辆管理规定来落实的。对进出的机动车必须坚持验证放行制度，对外来车辆要登记。对车辆的保管，物业服务企业应与车主签订车辆保管合同。为确保摩托车、自行车的存放安全，应设有存车处，派专人负责。车主需委托保管车辆时，先办理立户登记手续，领取车牌，按指定位置存放（图4－6）。

图4－6　规范的小区停车

案例分析

停车位侵占绿化面积

郁先生是杭州文苑路金都花园的住户。郁先生表示，小区内停车位不足，有一次，小区埋设地下管道，物业公司就趁机将周边的绿化地块改作了停车区。改完之后，停车地方是大了，可是物业公司非但没讨好，反而被业主们指责减少了绿化面积。业主的观点是，考虑目前停车紧张，物业公司的做法是可以理解的。但是在改用之前，物业公司有义务向业主先说明一下，至少应该贴一张公告，万一多数业主不同意这样做，物业公司也不会好心办坏事了。业主与物业公司缺乏沟通渠道，一旦物业公司做的不合理，业主也没有一个申诉的地方。物业管理公司的观点是，现在小区车位紧张，僧多粥少，将绿化带、空地改作车位，实在是无奈之举。有车的觉得好，没车的说损害了他的利益，实在是众口难调。

相关法律法规指出：业主在物业管理活动中，对物业公用部位、公共设施设备和相关场地使用情况享有知情权和监督权。

物业管理区域内按照规划建设的公共建筑和公用设施，不得改变用途。物业管理企业确需改变公共建筑和公用设施用途的，应当提请业主大会讨论决定同意后，由业主依法办理有关手续。

供水、供电、供气、供热、通讯、有线电视等单位因维修、养护等需要，临时占用、挖掘道路、场地的，应当及时恢复原状。

拓展提高

1. 车辆道路管理法律规定

根据《中华人民共和国道路交通安全法》、《停车场建设和管理暂行规定》、《停车场规划设计规则（试行）》等相关规定，物业服务企业在进行车辆道路管理时，应履行以下职责：

（1）居住区内应避免过境车辆的穿行、道路通而不畅，避免往返迂回。

（2）居住区的道路应适于消防车、救护车、商店货车和垃圾车等的通行。

（3）居住区的道路有利于居住区内各类用地的划分和有机联系，以及建筑物布置的多样化。

（4）居住区的道路应便于业主和使用人汽车通行。

（5）居住区的道路应满足居住区的日照通风和地下工程管线的埋设要求。

（6）居住区道路红线宽度不宜小于20米。

（7）小区道路路面宽6～9米，建筑控制线之间的宽度，需敷设供热管线的不宜小于14米；无供热管线的不宜小于10米。

（8）组团路路面宽3～5米；建筑控制线之间的宽度，需敷设供热线管的不宜小于10米；无供热管线的不宜小于8米。

（9）宅间小路路面宽不宜小于2.5米。

（10）在多雪地区，居住区的道路应考虑堆积清扫道路积雪的面积，道路宽度可酌情放宽，但应符合当地城市规划行政主管部门的有关规定。

（11）居住区的道路路面较窄，应安排必要的排水边沟和会车位。

（12）居住区的道路车行与人宜分开设置自成系统。

（13）居住区的道路主要道路至少应有两个出入口；居住区内主要道路至少应有两个方向与外围道路相连；机动车道对外出入口间距不应小于150米。沿街建筑物长度超过150米时，应设不小于4米×4米的消防车通道。人行出口间距不宜超过80米，当建筑物长度超过80米时，应在底层加设人行通道。

（14）居住区内道路与城市道路相接时，其交角不宜小于75°；当居住区内道路坡度较大时，应设缓冲段与城市道路相接。

(15)进入居住区的道路,既应方便居民出行和利于消防车、救护车的通行,又应维护院落的完整性和利于治安保卫。

(16)在居住区内公共活动中心,应设置为残疾人通行的无障碍通道。通行轮椅车的坡道宽度不应小于2.5米,纵坡不应大于2.5%。

(17)当居住区内用地坡度大于8%时,应辅以梯步解决竖向交通,并宜在梯步旁附设推行自行车的坡道。

(18)在多雪严寒的山坡地区,居住区内道路路面应考虑防滑措施;在地震设防地区,居住区内的主要道路,宜采用柔性路面。

(19)当公共交通线路引入居住区,应减少交通噪声对居民的干扰。

(20)居住区内必须配套设置居民汽车(含通勤车)停车场、停车库,并符合相关规定。

(21)居民停车场、库的布置应方便居民使用,服务半径不宜大于150米。

(22)居民停车场、库的布置应留有必要的发展余地。

(23)机动车停车场内必须按照国家标准设置交通标志,施划交通标线。

(24)机动车停车场的出入口应有良好的视野。出入口距离人行过街天桥、地道和桥梁、隧道引导须大于50米;距离交叉口须大于80米。

(25)机动车停车场车位指标大于50个时,出入口不得少于2个;大于500个时,出入口不得少于3个。出入口之间的净距须大于10米,出入口宽度不得小于7米。

(26)需要利用街道、公共广场作为临时停车场地的,应征得业主委员会的同意。

(27)车辆进入居住区,应减速行驶,不得鸣笛。

(28)所有车辆必须按指定地点停放。

(29)外来车辆和临时进入车辆经许可后,才能进入临时车位停放。

(30)2.5吨以上货车或大客车不允许进入居住区乱停乱放。

(31)装有易燃、易爆、剧毒或污染品车辆不准进入居住区。

(32)不准在居住区道路学习驾车、试车。

2.具体标准

(1)《全国物业管理示范小区标准及评分细则》

①机动车停车场管理制度完善,管理责任明确,车辆进出有登记。

②非机动车车辆管理制度完善,按规定位置停放,管理有序。

(2)《全国物业管理示范大厦标准及评分细则》

①进出大厦的各种车辆管理有序,无堵塞交通现象,不影响行人通行。

②大厦外停车场有专人疏导,管理有序,排列整齐。

③室内停车场管理严格,出入登记。

④非机动车车辆有集中停放场地,管理制度落实,停放整齐,场地整洁。

(3)《全国物业管理示范工业区标准及评分细则》

①进出工业区各种车辆管理有序,无堵塞交通现象,不影响行人通行。

②工业区内停车场有专人疏导,管理有序,排列整齐。

③室内停车场管理严格，出入登记。

④非机动车车辆有集中停放场地，管理制度落实，停放整齐，场地整洁。

思考练习

一、填空题

1. 车辆道路管理是指物业服务企业通过对物业管理区域内的________、________和车辆的管理，建立良好的交通秩序、车辆停放秩序，防止车辆受损和失窃而进行的________活动。
2. 影响物业管理区域内车辆与道路管理质量的因素很多，最主要的就是________。
3. 在小区内道路增加车位划分时，要保证________的畅通。
4. 机动车管理是通过门卫________和________规定来落实的。
5. 机动车管理内容包括机动车和非机动车的管理、停车场的规划、建立________。

二、选择题

1. 下列关于车辆道路管理说法错误的是(　　)。
   A. 限制公车进入小区停放
   B. 要保证消防通道的畅通
   C. 不必在乎业主的意见
   D. 自行车、摩托车管理应建立车库定点存放
2. 下列不属于车辆与道路管理的是(　　)。
   A. 道路管理　　B. 交通管理
   C. 基础设施管理　　D. 车辆管理与停车场(库)管理
3. 下列关于机动车管理说法正确的是(　　)。
   A. 对进出的机动车必须坚持验证放行制度
   B. 外来车辆不需登记就可进入小区
   C. 摩托车、自行车应设有存车处，派专人负责
   D . 车主需委托保管车辆时，先办理立户登记手续，领取车牌，按指定位置存放
4. 下列关于摩托车和自行车管理说法不正确的是(　　)
   A. 建立车库定点存放，专人管理，并建立严格的保管、存取制度
   B. 不具备车库定点存放条件的，业主可自行找地方停放
   C. 发现乱停乱放的现象要及时制止，或将乱停放的车辆归位
   D. 在安全宣传中，提醒业主和使用人注意上锁和自觉停放到指定的停放点
5. 下列关于物业管理区域内的道路说法不正确的是(　　)。
   A. 应满足业主和使用人的自行车、摩托车、机动车等各种交通工具通行及步行活动的需要
   B. 满足清运垃圾与粪便、送递邮件、搬运家具等日常服务车辆通行的需要
   C. 要求车行道一般应通至各栋、各单元的入口处
   D. 进行旧区道路改造时，可不必关注原有道路或设施

三、简答题

简述在物业车辆与通道管理中,如何解决停车位不足的问题。

学习任务2 道路交通管理

任务概述

本任务讲述的是道路交通管理。为了确保小区内行人安全,规范小区内车辆的停放,制止在物业管理区域内鸣笛、超速、练习驾驶等不良行为,必须要建立机动车通行证制度,禁止过境车辆通行;根据小区内道路情况,确定部分道路为通行道、部分交叉路口禁止左转弯;限制车速;禁止在道路两旁乱停乱放车辆;完善停车设施的建设。

在既定物业条件下,通过停车规划和区域内通行管理,能挖掘停车潜能,减少物业区域交通事故发生的概率。

任务目标

- 能明确道路交通管理的内容
- 会区分不同类型物业道路交通管理的特点

学习内容

道路交通管理最主要的内容是对现有道路状况的监护与保养,占用、挖掘车行道路、人行甬道时,要经过业主委员会和物业服务企业的同意,做好预案,采取必要的警示措施,并要求占用者在预定期限内将道路恢复原状。

一、道路交通管理的内容

1. 停车规划

物业公司对停车场的规划要因地制宜,不仅要和区域相协调,也要符合实际需要(图4-7)。一般来说,要考虑以下几个方面:

(1)节约用地:尽可能设置在地下,小区道路条件允许的情况下,也可采用路边停车等方法,充分挖掘停车潜力(图4-8)。

(2)停取便利:停车位置距离工作场所、生活场所不宜过远,确定好最佳服务半径。

(3)分类设置:划分出机动车辆停车区和非机动车辆停车区,进行分类管理。

图 4－7 停车场车位引导系统

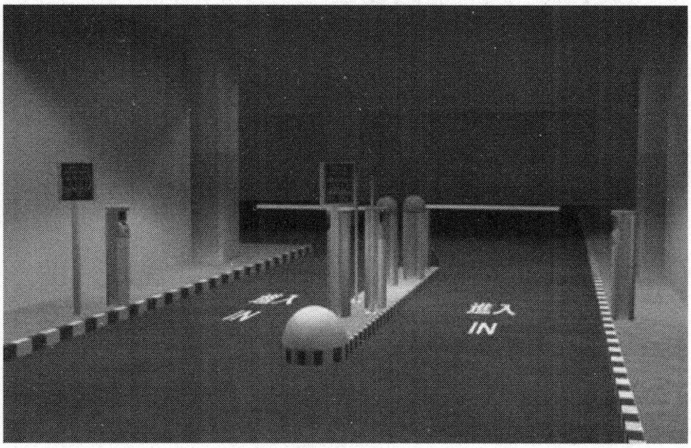

图 4－8 地下停车场

2. 通行组织管理

在物业管理区域，充分利用交通管理措施，实施车辆通行管理，提高区域通行效率，减少交通事故，例如可以根据实际情况对物业辖区道路设置单行、步行、人车分流等交通管理措施；对比较窄的区域道路，可设定单向通行，以减少车辆间的擦碰和通行的阻滞。人车分流是人行和车行完全分离，互不干扰，既确保了行人的安全，又提高了机动车的通行速度（图 4－9、图 4－10）。

3. 交通设施管理

物业交通设施是物业区域通行的基本硬件资源，任何单位和个人都不准破坏物业管辖区域的交通设施，包括道路、路灯、路牌、道路交通标志等（图 4－11）。

图 4 – 9　人车分流

图 4 – 10　单向通行

图 4 – 11　遭到破坏的交通设施

特别提示

交通标志应设在司机和行人易看到的醒目地点，通常设在车辆前进方向的道路右侧或分隔带上，牌面下缘距地面1.8～2米，距路边侧面30～50厘米处。交通标志也可横跨道路悬空设置，但应使下缘高于车辆行驶所需净高。

物业管理企业应维护好、管理好物业管辖区域的交通设施，保障通行的顺畅。如根据实际情况可以设置必要的防护栏、防护桩，防止车辆入内，保证行人安全；对区域内的道路及设施加强养护和维修，保证通行安全；制止在已建成的行车道路、人行道路上随意挖路埋管、私搭乱建等行为；进行道路施工，必须设置交通安全栏、警示标志，防止行人和车辆误入开挖坑沟等（图4－12）。

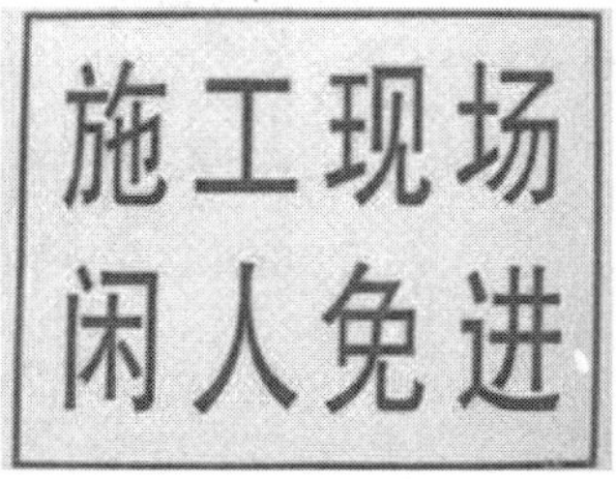

图4－12　设有警示标志的施工现场

特别提示

在物业管理的过程中，物业区域内的交通标志须符合国家的强制性规定，并在物业区域内做好相关交通、消防知识的宣传；对物业区域内的交通标志等公共设施设备及时巡检、修缮，确保其正常使用。

二、不同类型物业道路交通管理的特点

1. 居住小区

大力提倡步行空间的建立，发展公共交通，开通小区班车，为居民提供上下班服务、节假日集中出行服务（图4－13）。对于停车场的管理应注意扰民问题，停车场最好设在物业小区的四个边缘地带（图4－14）。

图4－13　小区公交车

图4－14　停车场设在四个边缘地带

2. 办公物业

重点应放在车辆调度上，物业服务企业应对物业中的单位上下班情况进行统计了解，统一安排好车辆行走路线，制定通行办法，防止上下班时出现塞车现象。

3. 商业物业

应配合公交系统车辆进行定线定站，双休日增加车辆，为顾客提供方便。一些有实力的物业服务企业可以拥有自管班车，为顾客提供定线不定站的服务。

4. 旅游物业

旅游物业客流量的季节性强，方向性强，物业服务企业应设立专门的直达旅游地的旅游往返车辆，在旅游季节为游客提供行走方便。

5. 工业物业

以生产产品为主体的工业物业主要集中在对货运车辆的管理上，要注意货运车辆的吨位、高度与所提供道路条件相配合；同时，要注意货仓建设，以减少货运车辆的停放时间，提高货运效率。

案例分析

老人被撞谁该负责?

2004 年 4 月 8 日，西安市某封闭式管理的小区内发生一起交通事故：一老人在小区内散步，当其行至道路拐角处时，被一辆突然出现的转弯车辆撞倒。当时车辆时速明显超过小区明文规定的限速要求（现场有限速 15 公里/小时的标识牌），后来老人因抢救无效死亡。事发后物业管理单位迅速展开救助、报警、保护现场、拍照并记录、协助调查等措施，肇事事主也很配合，表示愿意承担责任。可是，事情并没有就此结束。被撞老人的女儿（业主）在处理完交通事故和老人后事以后，于 4 月 19 日找到物业管理公司，要求物业管理公司就管理不善和未能采取有效措施防范事故发生，使业主在公共场所受到人身伤害的事实承担责任，赔偿人民币 1 万元，并声称其私人律师已掌握了小区交通标识设置不合理、不规范且年久失修，已不能起到警示作用的证据。

在物业管理过程中，物业区域内的交通标识设置应符合国家或相关主管部门的强制性规定，除在道路拐弯处加装限速标识牌外，还应加装反光镜、限速路埂、减速带等物防设施，并在物业区域内做好相关交通、消防知识的宣传；对物业区域内的交通标识等公共设施设备及时巡检、修缮，确保其正常使用。

物业管理企业在发生恶性突发事件后，要做好现场抢救、保护，在采取应急措施的同时应及时报告相关事故处理部门或通知责任人，以最大限度降低损失。另外，通过购买相关责任保险的方式可以有效地转移风险。

拓展提高

《中华人民共和国道路交通安全法》(摘选)

第三十三条规定："新建、改建、扩建的公共建筑、商业街区、居住区、大(中)型建筑等，应当配建、增建停车场；停车泊位不足的，应当及时改建或者扩建；投入使用的停车场不得擅自停止使用或者改作他用。""在城市道路范围内，在不影响行人、车辆通行的情况下，政府相关部门可以施划停车泊位。"

第三十七条规定："道路划设专用车道的，在专用车道内，只准许规定的车辆通行，其他车辆不得进入专用车道内行驶。"

第四十四条规定："机动车通过交叉路口，应当按照交通信号灯、交通标志、交通标线或者交通警察的指挥通过；通过没有交通信号灯、交通标志、交通标线或者交通警察指挥的交叉路口时，应当减速慢行，并让行人和优先通行的车辆先行。"

第四十七条规定："机动车行经人行横道时，应当减速行驶；遇行人正在通过人行横道，应当停车让行。""机动车行经没有交通信号的道路时，遇行人横过道路，应当避让。"

第六十一条规定："行人应当在人行道内行走，没有人行道的靠路边行走。"

第六十四条规定："学龄前儿童以及不能辨认或者不能控制自己行为的精神病患者、智力障碍者在道路上通行，应当由其监护人、监护人委托的人或者对其负有管理、保护职责的人带领。""盲人在道路上通行，应当使用盲杖或者采取其他导盲手段，车辆应当避让盲人。"

思考练习

一、填空题

1. 停车规划需要考虑________、________和________。

2. 在物业管理区域，充分利用交通管理措施，实施车辆通行管理，提高区域通行效率，减少________。

3. 对于居住小区停车场的管理应注意________。

4. 物业交通设施是物业区域通行的基本________,任何单位和个人都不准破坏物业管辖区域的________。

5. 进行道路施工,必须设置________、________,防止行人和车辆误入开挖坑沟等。

二、选择题

1. 下列不属于物业交通设施的是(　　)。

A. 路边停放的垃圾车　　B. 路灯

C. 路牌　　D. 道路交通标志

2. 关于工业物业说法正确的是(　　)。

A. 工业物业主要集中在对货运车辆的管理上

B. 可不限制货运车辆的吨位、高度

C. 要注意货仓建设

D. 减少货运车辆的停放时间,提高货运效率。

3. 下列不属于居住小区物业道路交通管理特点的是(　　)。

A. 大力提倡步行空间的建立

B. 停车场只要方便即可,不必在意扰民问题

C. 为居民提供上下班服务、节假日集中出行服务

D. 发展公共交通、开通小区班车

4. 下列不属于商业物业道路交通管理内容的是(　　)。

A. 应配合公交系统车辆进行定线定站

B. 双休日增加车辆,为顾客提供方便

C. 要注意货仓建设

D. 为顾客提供定线不定站的服务

5. 下列不属于旅游物业道路交通管理内容的是(　　)。

A. 旅游物业客流量的季节性强,方向性强

B. 物业服务企业应设立专门的直达旅游地的旅游往返车辆

C. 在旅游季节为游客提供行走方便

D. 大力提倡步行空间的建立

三、简答题

简述停车场规划的原则。

学习任务3 车辆管理

任务概述

本任务讲述的是车辆管理。小区内车辆的管理包括机动车及非机动车管理。物业应妥善规划停车场;制定物业管理区内车辆的进出、停放和行驶的管理规定;明确责任人的岗位职责及作业流程;建设维护好物业区域的交通设施,优化通行条件及停车条件;制定车辆管理服务标准,提供最佳服务。

任务目标

- 能按照小区实际情况规划停车场
- 能正确协调车辆的进出
- 能处理车辆停放过程中遇到的紧急情况
- 会制定服务标准和考核细则

子任务一 停车场的规划和管理

任务概述

本任务讲述的是停车场的规划和管理。为确保停车场(库)内的设备、设施和停放车辆的安全,保证停车场(库)内整齐有序,物业服务企业必须通过制度建设和规范的作业程序对停车场(库)进行管理。

任务目标

- 能根据小区的实际要求规划停车场
- 会制定停车场管理办法

学习内容

一、认识车辆停放场所

1. 车辆停放场所的类别

(1)私人车库:私人车库是指个人购买的车库,一般都是在建筑的底层。受建筑面积的限制，私人车库的数量不会太多，而且私人车库占地相对较大，一般可停放的车辆有限。

（2）小区车行道：由于受停车场地的限制，许多业主都把车停在物业道路区域内的车行道上，这有利于缓解停车的压力，但必须加强管理，不能因此而影响道路通行。

在小区车行道停放车辆不能保证车辆的整洁安全，并且要以牺牲小区的绿地为代价。

（3）地面专用停车场：地面专用停车场是指在地面设立的专用停车场。专用停车场便于集中管理，比较安全，部分地面专用停车场还搭有顶棚，可防止车辆日晒雨淋，有利于车辆的整洁和保养。但这类停车场要占用大量的场地，会影响居住区的绿化面积。

（4）地下车库：由于土地紧张和绿化的需要，建造地下停车场是一种发展趋势，尤其是一些商业大楼或高层住宅楼，大都在地下建1～4层停车库。

二、停车场的规划

物业公司对停车场的规划，要因地制宜，不仅要和区域相协调，也要符合实际需要。一般来说，要考虑以下几个方面：

1. 节约用地

尽可能设置在地下，小区道路条件允许的情况下，也可采用路边停车等方法，充分挖掘停车潜力。

2. 停取便利

停车位置距离工作、生活场所不宜过远，确定好最佳服务半径。

3. 分类设置

划分出机动车辆停车区和非机动车辆停车区，进行分类管理，具体应做到：

（1）场内车位划分要明确，安全有序地停放车辆，停车场应用白线框明确划分停车位（图4－15）。

（2）场内行驶标志要清楚。为便于行车方便和管理，场内行驶路线要用扶栏、标志牌、地下白线箭头指示清楚（图4－16）。

（3）进出停车场管理要严格。车辆进入停车场要验证、发牌、登记，驶离停车场时要验证、收牌（图4－17）。

图4－15　白线框划分的停车位

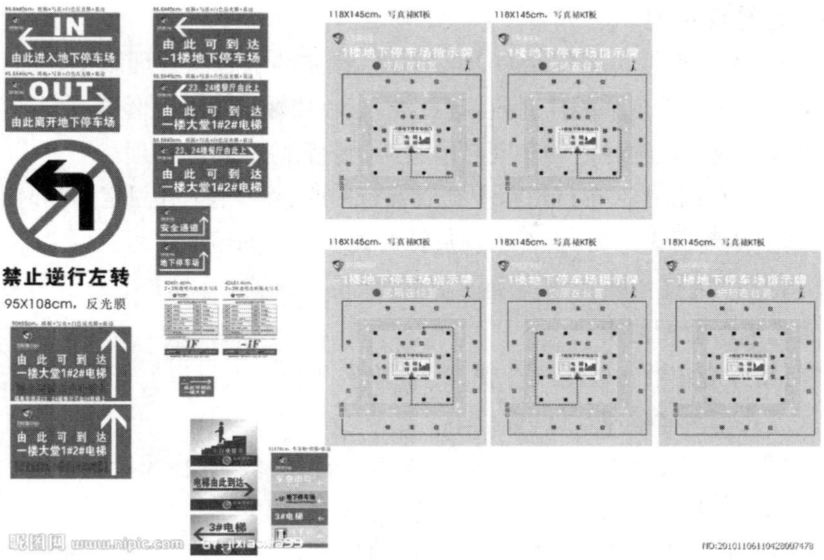

图 4－16　停车场内的指示标志

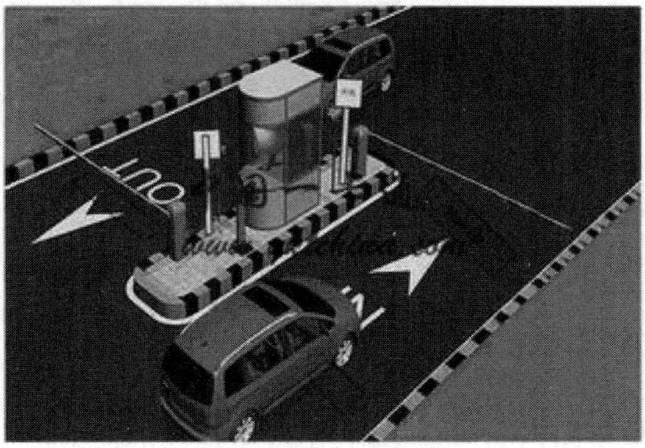

图 4－17　车辆管理系统

（4）车辆防盗和防损坏措施要得力（图 4－18）。

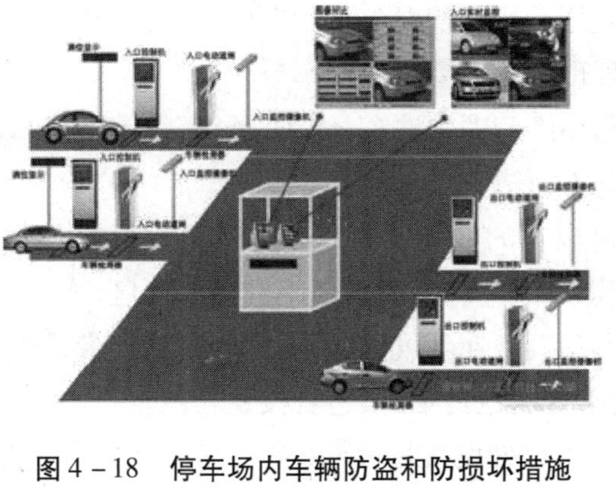

图 4－18　停车场内车辆防盗和防损坏措施

三、停车场管理规定

1. 停车场必须有专职保管人员 24 小时值班,建立健全各项管理制度和岗位职责,将管理制度、岗位责任人姓名和照片、保管站负责人、收费标准悬挂在停车场(库)出入口的明显位置,进入物业管理辖区内的车辆必须服从物业管理公司的管理。

2. 在停车场(库)和小区车行道路上须做好行车线、停车位(分固定和临时)、停车、转弯、减速、消防通道等标识,并在主要车行道转弯处安装凸面镜。

3. 停车场(库)内按消防要求设置消防栓,配备灭火器,由服务中心消防负责人定期检查,由车管员负责管理使用

4. 车辆必须按规定的行驶路线行驶,不得逆行,不得在人行道上行驶,不得高速行驶、按高音喇叭,进入车库时限速 5 km/h 以下。

5. 凡业主和使用人的机动车、自行车、三轮车一律不能停放在非指定停放的位置。任何违章停放车辆按规定予以处罚。

机动车进场(库)时应服从车管员指挥,遵守停车场(库)管理规定,履行机动车进出场(库)有关手续,按规定缴纳保管费。

6. 业主和使用人长期在物理管理辖区内地面停放车辆,必须在物业管理处办理定位立户手续,领取停车牌放于车上,停于指定车位,并凭牌出入小区,按月缴纳停车费。

7. 物业管理辖区内停车场只供本辖区内业主和使用人使用,外来临时车辆须先办理车位租赁手续、领取停车牌,凭证对号停放,并交纳停车费。未办租赁手续及车辆保险的车辆一律不得停放。

8. 车辆如需停止使用停车位,应及时到物业管理处办理注销手续,否则,停车费继续收取。如发生丢失或私自转让停车牌(位),物业管理处将扣留押金并取消车辆的停车位,收回停车牌。

9. 车辆停放后,贵重物品请勿放在车内,由此所造成的损失均由车主自负。

根据公司规定,如因车主不慎造成车辆损坏或丢失,停车场概不负责;如车主有特殊保管或保险需求,可另行协商拟定收费标准,签署协议。

10. 车辆入库停放后,须向车辆管理员领取车牌并妥善保管。取车时一律凭取车牌取车,车辆管理员只按牌放行。特殊情况急需用车而无取车牌时,须凭单位开具证明并出示本人有关证件,由车辆管理员登记后方可取车。

11. 不得在停车场和小区范围内洗车、修车、试车、练习及清扫车上的杂物于地面。漏油、漏水车辆不许进入车库。

12. 集装箱车、2.5 吨以上的货车(搬家车除外)、40 座位以上的客车、拖拉机、工程车,以及运载易燃、易爆、有毒等危险物品的车辆不准进入小区(大厦)。

13. 为杜绝停车场内发生意外事故,凡进入车辆严禁携带易燃、易爆、剧毒及各种腐蚀性物品,同时,在车库内不得随地扔烟头,违者按章罚款。

14. 在停车场(库)出入口处设置垃圾桶(箱),在小区必要位置设置路障和防护栏(图 4-19)。

图 4－19　地下车库出入口设置路障

15. 为了保证停车场内有良好的卫生环境，一切进入人员不得随地吐痰、乱扔果皮和纸屑及清扫车上的杂物。

16. 不损坏停车场（库）消防、通信、电器、供水等场地设施。

维护停车场的停放秩序，保证车辆的安全，应尽量通过技术手段提升车辆进出的安全系数。如对车辆进出实行刷卡管理，出入口监控设备应能清晰录制驾车人体貌特征、车辆牌照，加强对临时出入车辆的盘查、车辆有秩序停放的管理等。车流量较大的时间段，无论是机动车停车场，还是机动车出入口、小区主干道，安排人员指挥车辆交通，保证车辆秩序与安全（图 4－20）。

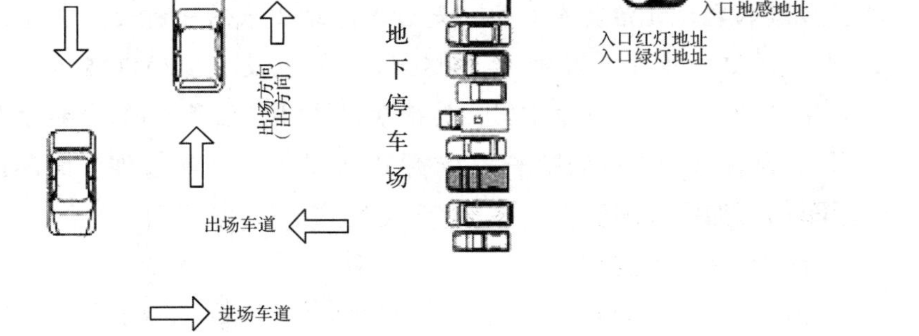

图 4－20　智能停车场管理系统

四、收费人员管理制度

利用物业管理区域内的公共场地停放车辆的，物业服务企业可以根据当地价格行政主管部门确定的收费标准收取车辆停放费。收费人员应遵守以下规定：

1. 举止文明，态度端正，热情服务，礼貌待人，耐心解释用户提出的各种问题，树立公司的良好形象。

2. 加强学习，不断提高业务技能，熟练掌握收费系统的操作。

3. 坚守岗位，认真履行职责，做好车辆出入登记，尤其对临时出入本小区的车辆要严格进行对比检查，收回 IC 卡后方可放行。若 IC 卡丢失，值班人照价赔偿；如遇车辆丢失，根据电脑资料要追究当班值班人员的责任。

案例分析

一个车位停放两辆车，物业人员巧解决

10 月上旬夜里 10 点左右，某家园地下车库值班护卫员报告，某号楼的一位业主，只购买了一个车位，却在车库停了两辆车。护卫员劝其将未购车位的车开走，但业主对护卫员不予理睬，将车子锁好后扬长而去。无奈，护卫员只好求助楼间护卫员使用对讲系统同该业主联系，要求其将车子开出车库。业主对护卫员的行动先是采取了不接对讲的方式，后来对护卫员进行谩骂，甚至扬言，谁再打他家的对讲，就用开水倒下来烫谁。

了解到这些情况后，办公室值班人员当即同业主联系，得到他的同意后，登门拜访。首先，对护卫员反复打对讲影响业主生活道歉（有理也要先说明自己的不是，给足对方面子和台阶，为双方的进一步交流创造条件），然后，向他说明车库内的大多数车位已售出，一个车位只允许停放一辆车，如果占用别人的车位，别的业主就会有意见。接着，又特别指出这样事情多了，大家互相效仿，总有一天他自己的车位也会被别人占用。看到他不断点头，值班人员趁热打铁，建议他再租个车位来从根本上解决停车问题（不仅仅着眼于一时一事，而是争取一劳永逸，这样去做工作更有效率）。他听了这番话，觉得入情入理，便提出要求，让值班人员替他找一个空位租下来，值班人员满口答应。

第二天一早，管理人员就同他联系，告诉他车位已找好，请他抓紧到办公室来办理手续。果然，他没有食言，当天下午便来到办公室，顺利地办理了租车位手续。

案例分析："以其人之道还治其人之身"，是古人总结出来的一种处世哲学，纠正某些违章行为，不妨用用这一办法。当然，我们这里的"治"，没有鼓励以错治错的意思，而是说用语言创造一种客户本身受违章困扰的情景，使之能"己所不欲，勿施于人"。

想一想：你认为车辆管理人员的做法是否恰当？如果你是车辆管理人员，面对如此业主，发生类似事件，应如何处理？

子任务二　车辆管理的方法与要求

任务概述

为确保出入小区的车辆行驶安全和停放有序，加强对出入、停放本小区车辆的管理，确保住户的生命财产安全，对出入、停放本小区的车辆应制定相应的管理制度，并制定有效的实施方法。

任务目标

- 能明确车辆管理员的职责
- 会建立物业的车辆管理办法
- 会提供车辆管理服务
- 会处理车辆通行和停放过程中遇到的情况

学习内容

一、车辆管理制度

1. 车辆管理目标

车辆管理的目标在于保障物业管理区的宁静与安全，规范辖区内的车辆停放，为业主提供高效且安全的服务，保障车辆停放有序，交通顺畅，避免交通事故、车损事故、车辆丢失事故的发生。一般要求车辆管理达到以下目标：

（1）交通组织规划合理，交通设施标志完好。

（2）交通通行顺畅，无事故发生。

（3）机动和非机动车分类停放，停车场整洁有序，无车损和偷盗事故。

2. 车辆管理人员岗位设置

（1）门岗；

（2）巡逻岗；

（3）车场管理岗位。

3. 车辆管理员的职责

（1）负责对停车场（库）的汽车、摩托车、电动车以及自行车进行管理。

（2）熟悉物业管理区域内的车辆流通情况、车位情况，全力引导、优先保证业主使用车位。

（3）实行 24 小时轮流值班，服从统一安排调度。

（4）按规定着装，佩戴工作牌，对出入车辆按规定和程序指挥放行，并认真填写《车辆出入登记表》。

（5）遵守规章制度，按时上下班，认真做好交接班手续，不擅离职守。

(6)按规定和标准收费,开具发票,及时缴纳营业款。

(7)负责指挥区内车辆行驶和停放,维持小区交通和停车秩序。

(8)负责对小区道路和停车场的停放车辆进行巡视查看,验证放行;维持物业管理区域的交通、停车秩序。

(9)要坚持验证制度,对一切车辆要严格检查,验证放行。

(10)对可疑车辆要多观察,对车主要细询问,一旦发现问题,要拒绝车辆外出,并报告有关部门处理。

(11)负责停车场(库)的消防以及停车场(库)、值班室、岗亭和洗车台的清洁工作。

(12)定期检查车库(场)内消防设施是否完好、有效,如有损坏,要及时报告管理处。

(13)发生意外事故时,负责维护现场,报告并配合相关部门进行处理。

(14)负责停车场(库)的值班室清洁卫生。

二、车辆管理的方法及要求

1. 建立健全车辆管理队伍

为做好管理区域内车辆管理,提供安全有序的车辆停放服务,物业服务企业应根据小区车辆管理实际情况做好人员安排,包括小区车辆交通的疏导及管理人员、停车场维护人员和车辆收费管理人员等。

2. 车辆出入管理

对出入物业管理区域的车辆进行管理,是车辆管理的重要内容。物业管理公司对车辆进出物业区域时都应有限制性规定,经过门卫允许后方能驶入。门卫应坚持验证制度,对外来车辆要严格检查,验证放行。对外出车辆也要严格检车,对可疑车辆要多观察,对车主仔细询问,一旦发现问题,要拒绝车辆外出,并报告有关部门进行处理。

对本区域内的车辆要进行登记(表4-1),并发放进出通行证,每次进出要实行验证放行制度;外来车辆除消防、救护、搬家等车辆外,一律不得随意进出,确要进出的,经业主委员会同意,可实行登记收费制度。具体应做到:

(1)本小区有车辆的住户,应向物业公司申请办理IC通行卡,凭IC卡进出及在小区停放车辆,按规定收取IC卡工本费、停车费。

(2)本小区住户车辆进入小区后,有车库的住户必须将车停放在车库内,无车库的住户必须将车停放在指定停车位置,严禁乱停乱放(图4-21)。

图4-21　乱停乱放占用他人停车位

(3)非本小区住户的车辆,进入大门时应主动向门卫出示证件,讲明进入原因,符合进入条件的领取临时IC通行卡,并做好登记,方可进入小区,严禁冲闯大门。出小区时收回IC卡,并按停车时间收取停车费。遗失、损坏IC卡的应照价赔偿。

(4)进入本小区的货车,卸完货物后应及时离开小区,因故不能离开的,应将车停放在指定停车位置。

(5)进出、停放车辆必须服从小区管理人员的管理。驶入小区的车辆应减速行驶,时速不得超过5千米，不得鸣笛。如车辆损坏路面或公用设施，应照价赔偿损失，并视情节处以罚款。

违反以上规定者，按小区有关规定办理，情节特别严重的，移交公安部门处理。

表4-1　车辆出入登记表

编号：

日期	车牌号码	卡号	进场时间	离场时间	收费情况	值班员	备注

3. 停车管理

停车管理的主要任务是维护良好的停车秩序，使车辆停放整齐，防止非指定位置停车；维护车辆安全，防止偷盗、损毁、火灾等事故的发生。具体应从以下几个方面着手：

(1)明确划分停车车位。停车场内应用白线框明确划分车位，要画停车线，并要求车主停放整齐。停车位分固定车位和非固定车位、大车位和小车位，车主必须按类使用车位。需经常停放的车辆，应办理手续有偿使用固定车位，外来车辆和临时停放的车辆有偿使用非固定车位。

(2)停车场内行驶标志要清楚。停车场进出口的标志要明确，场内行驶路线要用扶栏、标志牌、地下白线箭头指示清楚。

(3)停车场管理要严格。车辆进入停车场要验证发牌，并进行登记，驶离停车场时验证车牌，对外来车辆要计时收费。在车辆进出高峰期间，管理人员还要做好现场的车辆引导、行驶、停放与疏散工作。

(4)要做好安全防范工作。加强巡逻和监控，及时制止偷盗、损毁行为。

(5)车辆在小区内停放时，应当在划定的停车位内按序停放，并不得有下列行为：

①车辆停放在小区消防通道口的；

②阻碍物业管理区域内的主要交通道路的；

③车辆停放在绿地上的；

④影响其他业主使用物业或共有设施设备的。

对物业管理区域内出入及停放车辆，宜采用出入卡管理。

外来车辆或暂时停放的车辆应采用发临时卡的方式进行管理，即每次进入时发给一张临时卡，上面记录进入的时间、道口、车牌号、值班人等，此卡在车辆出去时收回。

车辆进入管理区域后，管理人员应引导车辆停放，有固定车位而任意停放，或不按规定任意停放，或在消防通道停车等现象出现时，管理人员应及时劝阻，同时，车辆进入停车位停放时，管理人员应及时检查车辆，观察车辆是否有损坏，车窗是否已关闭，是否有贵重物品遗留车内等，必要时做好记录并通知车主，避免出现法律纠纷。见表4－2。

表4－2　　停车场车辆状况登记表

年　月　日

车牌号码	车位	检查项目							进场时间	出场时间	驾驶人签名	值班员签名
		照明灯	外壳	标志	轮胎	玻璃	后视镜	转向灯				

4. 注意事项

(1) 车辆管理的交通标志及免责告示应充足明显，避免发生法律纠纷。

(2) 车主首次申请办理停车年卡或月卡时应提交本人身份证、驾驶证、车辆行驶证原件与复印件，并签订停车位使用协议，建立双方车辆停放服务关系。

(3) 车辆停放必须符合消防管理要求，切忌堵塞消防通道。

(4) 对于电梯直接通往室内停车场车库的小区，必须做好电梯入口的安全防范监控措施，避免不法人员直接从地下车库进入楼内。

5. 管理人员职责

(1) 管理人员必须坚持原则，严格执行车辆出入、停放管理规定，发现可疑情况及时报告。不得利用工作之便与车主拉关系，收受贿赂，放松管理，违者从严处理。

(2) 爱护设备，不得擅自修改系统各种设置、删除资料和进行非法操作，严禁私自在电脑上安装各种软件，不得进行玩游戏、打字等其他操作，违者从严处理，并承担所造成的一切后果。

(3) 如遇停电或设备出现故障，应及时报告上级，维持好车辆出入秩序，认真做好登记，防止IC卡丢失。对此期间所收回的未付款IC卡应分类保管，交收费管理员处理。

(4) 认真交接班，如实做好各项登记。

(5) 维持收费岗亭良好秩序，保持收费岗亭及出入车道的卫生整洁。

案例分析

停车登记帮大忙，理清责任无纠纷

罗先生到某写字楼拜访客户，把车停在大厦的地下停车场。两个小时后，罗先生把车开走。又过了一个小时后，罗先生再次来到写字楼，向大厦管理处投诉，称其车停在写字楼地下停车场期间，车上的3个轮胎装饰盖不见了，而且车身上也有划痕。当时因为有急事要办，没有仔细检查，办完事后才发现有问题，因此要求物业管理处赔偿损失。

物业管理处接投诉后，一方面向罗先生说明车辆离开停车场后再发现问题，物业管理处不应负任何责任，另一方面检查了停车记录。检查记录发现，入场前保管员对车况进行检查时，未发现装饰盖丢失；从当值保管员的巡查记录及监控录像中，也未发现曾有人员或车辆在罗先生车旁逗留过。由此，物业管理处断定罗先生的车是在出了停车场后被损伤的。罗先生看到这一检查结果，未再提出赔偿之事。

子任务三　车辆管理工作中的注意事项

任务概述

在车辆的管理过程中，不可避免会遇到一些问题，如何解决这些问题，将会成为决定服务质量的重要因素。能否及时正确地处理遇到的紧急情况，也将是对物业管理人员的考验。

任务目标

- 能及时处理车辆管理工作中遇到的问题
- 会制定车辆管理考核细则

学习内容

一、车辆管理工作中的注意事项

1. 交接班时

(1)对车辆在位情况进行检查，并做好记录。

(2)如是门岗，同时对现金收讫情况进行核对，做好交接工作。

2. 车辆进入小区时

(1)如是业主，但尚未办理车位的，按照访客车辆处理，如已办理车位，则请业主在车闸处的刷卡器前刷卡，根据计算机显示资料，在驾驶人、车辆等核实后启动道闸通行。

(2)如是访客车辆，在与相关业主进行联系确认后，在计算机上输入车牌号、进入小区时间等相关资料并输入到临时卡上，交予车主，启动道闸放行，并记录。

(3)如是欲进入小区的出租车，若已载客，按访客车辆处理，若空车，先盘问所接业主的姓名、房号后，再与控制中心或巡逻岗亭联系，确认该车确为业主所招时，按访客车辆处理。

3. 车辆离开小区时

(1)如是业主,但尚未办理车位的,按照访客车辆处理,如已办理车位,则请业主在车闸处的刷卡器前刷卡,根据计算机显示资料,在驾驶人、车辆等核实后启动道闸放行。

(2)如非业主车辆,根据计算机显示的资料,在对驾驶人、车辆进行核对并按收费标准进行撕票、收费后,启动道闸放行。

4. 在车辆通过车闸后,门岗立即通过对讲机与巡逻岗联络,告知具体车位并知会其进行有效引导,巡逻岗指挥车辆对号停放,避免占用他人车位情况的发生,并对出现的占用现象进行处理。

5. 对停车场的各种标识(包括停车场、禁鸣、限速、防盗标识等)每班次至少检查两次。

6. 对业主的车位每班次至少巡查三次,巡查内容包括车身油漆、玻璃灯罩、铭牌等是否完好,对发现的破损情况以及车门未关、车内有贵重物品等情况及时上报区队长请驾驶人确认,并记录在《车辆异常情况登记表》上。

7. 自行车、电动车应在指定的车棚内停放,并摆放整齐,不得随意停放在小区或公共楼道内。

8. 正确区分、辨认业主、公司领导的车辆,及时行礼,面带微笑为业主及时提供帮助。

9. 清楚值班期间安全区域内车辆的数量和车辆的状态,及时发现安全隐患,车场无乱停乱放车辆及交通堵塞现象。

10. 发现异常情况,车场巡逻岗安全员立即在30秒内赶到现场。

11. 车辆出入停车场(库)时应注意:

(1)车辆进入后切记放下道闸,以防车辆冲卡;

(2)放下道闸时应格外小心,防止道闸碰损车辆;

(3)遵守服务礼貌用语中车辆管理服务文明礼貌用语。

二、常见突发事件的处理

1. 当遇有车辆强行闯入时

(1)迅速记住车型、颜色、车牌号码、司机及乘坐人员的数量和外貌特征,立即汇报并通知相关岗位。

(2)通知相关岗位及客户单位做好准备,了解闯入者的意图,加强目标方向的警戒。

(3)通报所有岗位,特别是出入口岗位,根据指示防止闯入者强行闯出,如遭遇强行闯出应立即报告公安部门。

2. 车辆被损坏的处理

(1)当发现车辆被碰撞、摩擦造成损坏时,保安员应记下肇事车牌号码,暂时不放其驶出小区,立即报告领班和物业管理处负责人及受损车主与肇事车主共同协商解决。

(2)如果车辆被损坏而未当场发现时,保安员发现后应立即通知当值领班和物业管理处,也要立即通知车主,共同协商解决处理。

3. 车辆被盗的处理

(1)车辆在车场被盗后,由物业管理处负责人确认后,立即通知车主,协同车主向当地公安机关报案。

(2)事故发生后,被保险人(车主、管理处)双方应立即通知保险公司,保管单位要协助车主向保险公司索赔。

(3)保安员、管理处、车主应配合公安机关和保险公司做好调查处理工作。

(4)保安员认真填写交接班记录,如实写明车辆进出场时间、停放地点、发生事故的时间以及发现后报告有关人的情况。

(5)管理处应与公安机关随时取得联系,将案件处理情况反馈给车主,并做好记录。

(6)保安队要认真总结车辆被盗事故的原因,反思工作中是否存在问题,及时整改并报管理处,保安队做好“意外事件的应急处理”,存档备查。

三、车辆管理考核

1. 车辆管理工作标准

物业管理企业应建立起车辆管理服务标准,接受监督管理,确保车辆管理服务质量。服务标准的主要内容应从以下几个方面制定:

(1)停车管理:按车位泊车,无车辆违章停放现象,停放整齐、有序。

(2)行车管理:进出口畅通,整齐有序,上下班车辆出入高峰有专人指挥,无交通事故发生。

(3)停车场:值班岗亭清洁卫生,无堆放杂物,岗外等停车处清洁卫生符合卫生标准。

(4)礼仪服务:车辆管理员统一着装,衣冠整洁,工作认真,精神饱满,服务态度好,文明用语,按规程作业。

2. 具体服务标准

(1)道路线型、断面与整个住宅区建筑风格协调。

(2)车行道通至每栋住宅楼单元入口处。

(3)外来车辆未经许可,不可进入辖区。

(4)进入物业辖区内的车辆,应服从物业公司管理。

(5)凡装有易燃、易爆、剧毒品、有污染物品的车辆或2.5吨以上的货车,一律不准驶入辖区。

(6)驶入辖区内车辆均需减速,时速不超过5千米,无鸣笛现象发生(救护车、警车、救火车除外)。

(7)辖区内所有车辆均纳入物业公司管理范围,做到一车一证、一证一位、车证齐全、见证放车。

(8)车辆管理员礼貌待人、热情周到。

(9)车辆管理员熟知车主姓名、车型、车牌号、房号、车位。

(10)车辆管理员随时巡查车辆停放情况及车辆的状况,遇有门未锁、灯未关、漏油、漏水等现象发生时,10分钟内通知车主。

(11)停车场内无货物堆积、道路阻塞现象。

(12)停车场内无水、无油、无污、无烟头、无纸屑等杂物。

(13)停车场道路平整无坑,无尖锐物、无金属钉状物。

(14)停车场内有明显禁烟标牌,且消防器械等设施均配备齐全,使用功能100%。

(15)辖区内交通事故年发生率不超过2%,丢失事故发生率为零。

(16)地下停车场光线明亮,能见度高,目测距离50米以上。

(17)暂时停放车辆收费率100%。

(18)每车位文字档案齐全,资料准确率100%。

(19)外来进出车辆有详细记录。

案例分析

亲属驾车外出,灵活处理受赞扬

某大厦有位业主,他们夫妇俩与管理处安管员都相当熟,由于开车懒得每次进出换证,因此与安管员有一个口头约定:只要是他们两夫妇开车,打个招呼即可,不用换证。其他人则一律不予放行,并立据为证。

某日上午,安管员小刘正在道口值班,见该业主的凌志小轿车车窗紧闭向出口行驶。小刘心存疑虑,因为按惯例车窗应该是打开的,便于业主与安管员确认,所以,就没有打开道闸,快步跑到车前敬礼示意。车窗摇下后一看,开车的果然是一位陌生的先生。

小刘请这位先生把车往右边靠,对方也配合地将车停在路边并说自己有急事。小刘向其解释此车车主规定是专车、专位、专人开,除非业主本人同意或有业主的授权书,否则一律不得开出。这位先生解释自己是业主的弟弟,并对业主家庭情况做了详细说明。因为哥哥去香港出差,嫂子去外地旅游,故无法联系。小刘查看其身份证,发现身份证的名字与业主仅一字之差,而且住址也相同。小刘判断对方确实与业主关系很密切,但口说无凭,为了保险起见,小刘把身份证号码做了登记,并要求开车人写下说明,说明车是他开出去的。

事过不久,女业主专门到管理处来道谢,说因自己出门一忙,忘了交代,那位先生确实是业主的弟弟,那天有急事要开车回老家,若没有安管员的灵活处理,就耽误大事了。

案例分析:这件事我们仔细分析一下,就会发现不妥之处,因为不管安管员如何仔细地盘查,怎样小心,车总是开出去了,万一业主回来要追究责任,我们能说清楚吗?如果闹上法庭,我们出示的证据能获得支持吗?在工作中,由于与业主熟悉,就将公司的制度置之一边,进出也就不发放停车卡,大家落得清闲。试想假如业主的车在外面失窃了,反赖是在我们小区内丢的,我们能拿得出证据反驳吗?

安管员还犯了一个概念上的错误,你在那验证盘查的只是开车人是不是业主的弟弟,而没有验证开车人有无权利开此车,因为业主与我们事先有约,除他们夫妇自己外,其他人一律不得放行,这"其他人"当然也包括亲属、朋友在内。万一此人是假冒业主的弟弟行骗你未识破怎么办?就算开车人真的是业主的弟弟,如果他们兄弟之间有某种纠纷或瓜葛,恰借业主家中无人前来寻事捣乱怎么办?

所以,最稳妥的做法就一个:咬定业主有吩咐,你要开走除非拿出业主的书面授权证明,否则坚决不能放行。虽然略显死板,也可能得罪业主和他的亲属,但可以保证公司和个人利益不受损害。

思考练习

一、填空题

1. 为便于行车方便和管理,场内行驶路线要用________、________、地下白线箭头指示清楚。

2. 车辆进入停车场要________、________。
3. 业主和使用人长期在物理管理辖区内地面停放车辆,必须在物业管理处办理________,领取停车牌放于车上,停于指定车位,并凭牌出入小区,按月缴纳停车费。
4. 为杜绝停车场内发生意外事故,凡进入车辆严禁携带________、________、________及各种腐蚀性物品,同时,在车库内不得随地扔烟头,违者按章罚款。
5. 维护停车场的停放秩序,保证车辆的安全,应尽量通过________提升车辆进出的安全系数。
6. 车辆管理人员岗位设置有________、________和________。
7. 对物业管理区域内出入及停放车辆,宜采用________。
8. 车辆出入停车场(库)时应注意:(1)车辆进入后切记________,以防车辆冲卡;(2)放下道闸时应格外小心,防止道闸________;(3)遵守服务礼貌用语中车辆管理服务文明礼貌用语。

二、选择题

1. 关于停车场的管理下列说法不正确的是(　　)。
   A. 场内车位划分要明确　　B. 场内行驶标志要清楚
   C. 车辆可自由进出停车场　　D. 车辆防盗和防损坏措施要得力
2. 下列不属于停车场管理规定的是(　　)。
   A. 停车场不必安排值班人员
   B. 在主要车行道转弯处安装凸面镜
   C. 不得在停车场和小区范围内洗车、修车、试车、练习及清扫车上的杂物于地面
   D. 车辆如需停止使用停车位,应及时到物业管理处办理注销手续
3. 对车辆出入管理说法正确的是(　　)。
   A. 门卫无须理会进出车辆　　B. 门卫应坚持验证制度
   C. 门卫无权拒绝车辆进出　　D. 以上说法都不对
4. 如遇突发事件,处理不得当的是(　　)。
   A. 当遇有车辆强行闯入时,迅速放行
   B. 当发现车辆被碰撞,保安员应记下肇事车牌号码
   C. 车辆被盗后,由物业管理处负责人确认后,立即通知车主,协同车主向当地公安机关报案
   D. 车辆被盗后,被保险人(车主、管理处)双方应立即通知保险公司,保管单位要协助车主向保险公司索赔
5. 车辆进入小区时,下列说法不正确的是(　　)。
   A. 业主尚未办理车位的,可直接放行
   B. 业主已办理车位的,则请业主在车闸处的刷卡器前刷卡
   C. 访客车辆,需与相关业主进行联系确认
   D. 欲进入小区的出租车,确认该车确为业主所招时,按访客车辆处理

三、简答题

1. 简述车辆管理目标。
2. 如遇车辆被损应如何处理。

单元要点归纳

本单元主要从物业车辆与通道管理的基本概念、道路交通管理、物业车辆的管理三个方面来概述物业车辆与通道管理的基本内容和方法。

车辆道路管理是指物业服务企业通过对物业管理区域内的道路、交通和车辆的管理，建立良好的交通秩序、车辆停放秩序、防止车辆受损和失窃而进行的管理活动，其内容包括道路管理、车辆管理及交通管理。有诸多因素影响物业管理区域内车辆与道路管理质量。小区物业车辆的管理中还应注意自行车和摩托车的管理。

道路交通管理包括停车规划、通行组织管理和交通设施管理。在物业管理中，应注意居住小区、办公物业、商业物业、旅游物业和工业物业等不同类型物业道路交通管理的特点。

车辆管理中停车场的规划和管理是重中之重。车辆管理目标包括交通组织规划合理、交通设施标志完好、交通通行顺畅、无事故发生以及机动车和非机动车分类停放、停车场整洁有序、无车损和偷盗事故。车辆管理人员应设置门岗、巡逻岗、车场管理岗等岗位，并建立车辆管理员职责。

在车辆管理中，按照车辆管理的方法及要求建立健全车辆管理队伍，并注意车辆出入管理、停车管理中的操作方法，明确管理人员职责。

在车辆管理工作中应着重注意交接班时、车辆进入小区时和车辆离开小区时以及常见突发事件的处理，如遇有车辆强行闯入时的处理、车辆被损坏时的处理和车辆被盗的处理。应建立车辆管理考核标准。

附件 小区车辆管理流程

第一部分 日常车辆管理流程

流程 01:辖区车辆违规停放处理流程

流程	流程说明
观察	巡逻人员要仔细观察,随时注意辖区内的车辆停放情况,及时发现车主(驾驶员)的违规停放行为。
违规处理	(1)纠正违章时,要先敬礼,态度和蔼,说话和气,以理服人。 (2)对不听劝阻者要查清姓名、单位(住址)、去向,如实记录并向物业公司汇报。 (3)对已经违规停放且车主不在的车辆,应及时通知监控中心或物业公司,用对讲机、电话通知车主(驾驶员)或其家属,迅速将车改停于规定位置上。
上门处理	在用对讲机、电话联系无效的情况下,巡逻保安员或保安班长应上门做好工作,进行说服,督促车主(驾驶员)及时纠正。
违规异常处理	(1)如果私家车位被占,应根据车库(场)的车辆停放情况,可预留一个空车位给车位被占车主,并向车主(驾驶员)做好解释。 (2)在一车两位占用较长时间,且劝说无效的情况下,该车出场时应向车主(驾驶员)收取双倍的车位使用费用。 (3)若遇车主(驾驶员)醉酒或患病将车乱停乱放,应报告班长和物业公司,立即采取措施,避免意外交通事故发生。
记录存档	(1)要对违规处理工作做好记录,并存档。 (2)将违规情况记入业主的违规记录中。

流程 02:使用人工道闸的车辆入库管理流程

流程	流程说明
车辆进入	当有车辆进入时,道口值班员应立即走近车辆并向驾驶员敬礼。
登记	(1)保安员应迅速在车辆出入登记卡上准确填写进场车辆的车牌号码。 (2)当驾驶员开启车窗时说:“先生(小姐),请您保管好车辆出入登记卡。”同时将车辆出入登记卡双手递交给驾驶员。 (3)在填写车辆出入登记卡的同时,若有两个保安员,另一保安员应迅速在车辆出入登记表上做好记录,便于核对。
开启车挡器	在驾驶员领到车辆出入登记卡后,应立即开启车挡器放行。

流程 03:使用 IC 智能卡的车辆入库管理流程

流程	流程说明
观察 ↓	(1)当业主驾驶的使用月卡的车辆进入非营业性停车场时,由驾驶员自行刷卡进入,值班员应敬礼,并做好记录,必要时由值班员协助刷卡。 (2)业主因故未携带 IC 月卡驾车进入,值班员可手动开启道闸,同时在车辆出入登记本上做好记录,提醒业主随身携带 IC 卡。
违规处理 ↓	(1)对于临时进场停放的车辆,值班员要主动提醒驾驶员按规定的行驶路线和车位行驶、泊车。 (2)当有公、检、法、军及政府部门执行公务的车辆要求进入管辖区时,应在查证核实后放行。 (3)对驶入道口的客货车,应按规定检查其有无携带易燃易爆等危险物品,否则拒绝其进入。
上门处理 ↓	凡进入物业公司辖区内的车辆,保安员要认真检查车辆外观,一旦发现有破损情况,应及时向驾驶员指出,并做好记录,请驾驶员签字确认。
违规异常处理	对车辆进入及存放情况做好记录并存档。

流程 04:机动车和非机动车辆入库流程

流程	流程说明
开启车挡器 ↓	有允许停放的车辆驶入地库,车场岗保安员应立即开启车挡器。
登记 ↓	迅速、准确地在《车辆出入登记表》上做好记录。自行车不记录。
指挥车辆 ↓	指挥车辆慢行,安全停放在自己的车位上,自行车应正确停放。
提醒司机	提醒司机锁好车门、窗,自行车、摩托车加锁。

流程05：车辆保管流程

流程	流程说明
观察	每半小时或临时详细检查车辆、车况，发现漏水（油）、未关好车门（窗）或未上锁等情况及时处理并通知车主，及时在《值班记录》上做好记录，同时报告班长或物业公司。对违反停车规定的要酌情处理。
↓ 违规处理	（1）随时和道口岗取得联系，清点车辆，核对数量，确保安全。 （2）禁止无关人员或可疑人员进入车库，若有紧急情况按《值勤时发现可疑分子的处置》有关规定处理。
↓ 上门处理	严密注视车辆情况和驾驶员的行为，若遇醉酒驾驶者应立即劝阻，并报告班长或物业公司及时处理，避免发生意外交通事故。
↓ 违规异常处理	每班至少检查一次防火卷帘门、消火栓和灭火器等防火（盗）设施，发现异常情况须在《值班记录》上做好记录并及时上报，立即处理。
↓ 记录存档	（1）禁止用消防水源洗车，经劝阻不听者按有关规定处理。 （2）协助保洁员维护好车库内清洁卫生，保持车库整洁。

流程06：常规车辆出库流程

流程	流程说明
观察	通过反光镜或闭路电视监控系统观察是否有车辆驶出车库。
↓ 核对	如果有车辆出库，应仔细核对出库车辆和驾驶员（车主）。
↓ 登记放行	（1）核对无误后，立即开启车挡放行，迅速、准确地在《车辆出入登记表》上记录车辆离库时间等。 （2）自行车须经核对车牌号无误后放行，可不做记录，但车号牌要妥善保管。
↓ 出库异常处理	（1）若对出场车辆、驾驶员有疑问，应立即到车挡前先向司机敬礼，再有礼貌地询问，若与车主联系确认是车主的亲友并带着车位牌时应放行。 （2）若经盘问仍有疑问，应立即扣留车辆，迅速用对讲机通知班长和巡逻保安，并机警地做好应急准备，以防止不法分子盗车行凶。

流程07:使用IC卡智能化管理系统的车辆出库管理

流程	流程说明
做好准备	采用IC卡智能化管理系统的营业性车库(场),保安员发现有车辆要驶出时,应立即看清车牌号,做好准备,必要时协助驾驶员刷卡。
↓ 仔细核对	(1)认真查看电脑,仔细核对刷卡车辆是否与电脑记载的内容相符。 (2)通过电脑分辨是否临时停车,是则回收临时IC卡。
↓ 未携带IC卡的	(1)属于临时进场停车的外来车辆,应请驾驶员到物业公司办理有关手续,并按规定缴纳车辆出入登记卡或IC卡工本费,凭物业公司出具的放行通知单可放行。 (2)属于业主驾驶的车辆,应请其在《营业性车场无卡车辆离场登记表》上签字后放行。 (3)物业公司须每月调校一次电脑,以保证电脑储存的数据与实际情况符合。

流程08:车辆冲卡处置流程

流程	流程说明
车辆冲卡	车管员要注意观察车辆冲卡出场。
↓ 记录	(1)停车场保安员立即记录冲卡车辆的车型、车牌号、颜色及逃走方向,同时报告当班班长。 (2)当班班长到场了解情况后,通知监控中心保存事故现场录像。
↓ 违规冲卡处理	(1)查找并通知车主到场。 (2)拨打"110"报警,向公司领导报告,协助公安人员破案,询问目击者、证人,组织取证。
↓ 意外冲卡处理	因车辆故障导致冲(撞)闸或驾驶员因生理原因导致车辆失控的,保安员向班长、保安主管报告,责成事故车主对车场被毁设施进行赔偿。
↓ 善后工作	按领导要求做好善后工作,做好记录。

流程09:发现可疑人员开车出车场的处理流程

流程	流程说明
观察	停车场保安员发现神色慌张的可疑人员欲开车出场。
跟踪处理	(1)及时跟踪、观察、确认开车人员,留意车辆车况是否受损。 (2)通知停车场保安员做好安全预防工作。
核对	停车场保安员认真核对开车人员身份,是否凭月卡出场,检查车辆行驶证、驾驶证与车主之间的关系。
处理	(1)车辆更换驾驶员的处理:记录驾驶员姓名,核查清楚,安全放行。 (2)有盗车嫌疑的处理:立即通知班长、巡逻保安员到场增援,注意自我保护,将犯罪嫌疑人扭送公安机关,通知车主到场。
记录存档	保安员做好记录并存档。

流程10:无卡车辆开出车场的处置流程

流程	流程说明
故障发生	停车场保安员发现车辆出场无卡(车卡(IC卡)是出入车场的唯一凭证,车辆外出必须凭(刷)卡放行。停车场保安员熟记免费放行车辆车牌号,公司车辆免费放行)。
询问原因	严格执行停车场管理制度,认真做好验证工作,询问车主无卡原因。 在用对讲机、电话联系无效的情况下,巡逻保安员或保安班长应上门做好工作,进行说服,督促车主(驾驶员)及时纠正。
处理	(1)月卡已过期,临时卡须按时收取停车费用。 (2)遗失或忘带卡时,提醒车主备齐三证(行驶证、驾驶证、身份证)到服务中心办理相关手续。
记录存档	做好记录并存档。

第二部分　停车场异常情况处理流程

流程 01:停车场停电处理流程

流程	流程说明
停电 ↓	(1)当停车场停电时,保安员应立即将停电区域及详细情况报告班长。 (2)保安员要向工程部了解停电的原因。
解决 ↓	(1)通知工程部查明原因,及时恢复电力供应。 (2)一时无法恢复电力供应的,应启用自备发电机。 (3)使用紧急照明,保证各通道照明。
收费 ↓	如果是收费系统停电,应通知停车场出入口收费人员,使用手动计费。
记录存档	做好事件处理的记录工作,并存档。

流程 02:收款系统故障处理流程

流程	流程说明
故障发生 ↓	当收款系统发生故障时,停车场保安员应立即通知部门主管或值班主任,并记录故障时间。
处理 ↓	(1)尽快报工程部维修,恢复正常使用。 (2)未能恢复使用前,通知道口岗位保安员使用手动计费。 (3)按手动计费操作程序收取停车费。
修理后 ↓	修理完毕后,核对手动收费情况,确保无误。
记录存档	做好事件处理的记录工作,并存档。

流程03:停车场火灾处理流程

流程	流程说明
火灾发生	(1)当停车场发生火灾时,应以最快的方式通知物业消防中心,说明起火的确切地点和起火性质。 (2)立即疏散起火现场周围的业主。
↓ 火灾处理	(1)运用就近的消防器材尽快将火焰扑灭或控制火势蔓延。 (2)如火势难以控制,车场(库)保安员工应协助指导车场内业主以最安全、快捷的途径离开车场(库)到安全地点,并预防其他事故发生;如出现人员受伤,应积极抢救。
↓ 调查	(1)保护起火现场,等候专业人员进行调查。 (2)由经理以上职级的人员决定是否向当地消防管理机构报警。
↓ 记录存档	做好事件处理的记录工作,并存档。

流程04:车辆盗窃或破坏事件处理流程

流程	流程说明
报告	(1)遇到盗窃或破坏事件时,保安员应以最快方式报告监控中心或上级主管。 (2)报告时简要说明现场情况,如地点、人数、人员财物损失情况等。
↓ 处理	(1)保持冷静,如能处理的可将有关人员带往保安部调查处理,如不能及时处理,则应监视现场,等候其他岗位支援及上级指令。 (2)视情况决定是否需要报警。
↓ 保护现场	保护现场不受破坏,以待调查取证。
↓ 记录存档	做好事件处理的记录工作,并存档。

流程05:车辆碰撞处理流程

流程	流程说明
拦住肇事者 ↓	(1)当发生车辆碰撞时,将肇事驾驶人拦在现场。 (2)暂时扣下肇事驾驶人的有关证件,等候上级前来处理。
通知 ↓	立即通知班长或上级主管到现场处理。
处理 ↓	(1)现场处理时,要问清原因。 (2)按照原因开展处理工作,如果碰撞造成车辆损坏的,需协调肇事者进行赔偿。
记录存档	做好事件处理的记录工作,并存档。

流程06:电梯故障处理流程

流程	流程说明
通知 ↓	停车场电梯出现故障时,通知监控中心保安人员。
摆放 ↓	(1)在电梯口摆放通知或指引。 (2)通知入车口保安员。
指引 ↓	(1)入车口保安员接通知后应给入场业主作适当指引。 (2)保安员在收取停车费后应向业主做出适当的解释和指引。
记录存档	做好事件处理的记录工作,并存档。

流程07:公、检、法等公务车辆不按规定停放或不缴停车费处理流程

流程	流程说明
说明规定 ↓	公、检、法等公务车辆不按规定停放车辆时,向驾驶员说明物业公司管理服务的规定。
通知 ↓	(1)能独自处理则独自处理。 (2)如难以独自处理,则尽快通知班长或上级主管到现场处理解决。
处理 ↓	(1)尽力将驾驶人留在现场。 (2)保持冷静,不使用过激的语言及不礼貌行为与驾驶人争执。
记录存档	做好事件处理的记录工作,并存档。

流程08:停车场车辆发生损毁情况的处理流程

流程	流程说明
发现损毁	(1)车场保安员发现车辆损毁时,必须及时赶到事故现场,查明原因,阻止肇事驾驶员及其车辆离开现场。 (2)立即向班长或上级主管报告;通知监控中心对事故车辆实施监控;通知道口岗,在班长或上级主管未发出放行指令前,禁止事故车辆驶离停车场。
↓ 到场处理	(1)班长或保安队长到达现场后,及时了解事故原因,确认肇事车主(驾驶员)、被损毁车辆的车主是否属本小区业主。 (2)及时通知巡逻保安员赶到事故现场维护秩序,疏导其他车辆进出,并做好其他车主的解释工作。
↓ 联系	(1)若受损车辆的车主不在现场,应尽快与其取得联系,请其速到现场参与处理。 (2)若无法与受损车辆的车主取得联系,物业公司可要求肇事车主将行车证、驾驶证、身份证等有效证件留下或复印,并收取一定数额的押金,同时要求肇事方以书面形式作出承诺。
↓ 意外处理	(1)如保安员未能见证车辆损毁经过,而是车主先发现并向物业公司提出索赔要求时,当班保安员应立即向班长或上级主管报告。物业公司应要求保险公司按理赔程序处理。 (2)物业公司应注意避免车主双方直接发生冲突,防止矛盾激化;同时要尽力疏散围观群众,防止发生其他事故。
↓ 记录存档	做好事件处理的记录工作,并存档。

流程09:道口进(出)交通受阻的处理流程

流程	流程说明
了解情况	当发现道口进(出)交通受阻时,应迅速了解情况,查明原因,查清车主的姓名、单位,立即向班长或上级主管报告。
↓ 现场处理	(1)应保持沉着冷静,掌握好对策,迅速组织人员疏散道口的车辆,并向其他车主做好解释工作,表示歉意。 (2)车场和巡逻保安员要及时疏通车场通道,必要时启用车场备用进(出)口,疏散进出场车辆,或将进(出)口设为出(进)口。
↓ 引导	指派人员到就近的路口引导车辆出入,防止意外交通事故的发生;同时切换智能化收费管理系统,或采取人工收费。

参考文献

[1]邵小云. 物业应急安全管理手册. 北京:化学工业出版社,2013.

[2]周成学. 物业安全管理. 北京:中国电力出版社,2014.

[3]鲁捷,赵学岩. 物业管理基础知识. 北京:清华大学出版社,北京交通大学出版社,2010.

[4]执业资格考试命题中心. 全国物业管理师执业资格考试教材解读与实战模拟物业管理实务. 南京:江苏人民出版社,2013.

[5]梁龙凤. 物业管理实务. 北京:中国经济出版社, 2014.

[6]鲁捷. 物业管理实务. 北京:机械工业出版社,2012.

[7]李斌. 物业管理——理论与实务. 上海:复旦大学出版社,2012.

[8]鲁捷,曹冬冬. 物业管理法规. 北京:电子工业出版社,2012.

[9]张野,邵小云. 物业管理处安全防范管理. 广州:广东经济出版社,2009.